让渡概论

张维春　著

中国大百科全书出版社　知识出版社
Knowledge Publishing House

图书在版编目（CIP）数据

让渡概论 / 张维春著. -- 北京 : 知识出版社，2021.11
ISBN 978-7-5215-0470-5

Ⅰ. ①让… Ⅱ. ①张… Ⅲ. ①商业利润 Ⅳ. ①F014.392

中国版本图书馆CIP数据核字(2021)第239142号

责任编辑 黄　鲁
责任印制 魏　婷
封面设计 田之友
出版发行 中国大百科全书出版社　知识出版社
地　　址 北京西城区阜成门北大街 17 号
邮　　编 100037
网　　址 http://www.ecph.com.cn
印　　刷 北京君升印刷有限公司
开　　本 710 毫米 ×1000 毫米　1/16
字　　数 70 千字
印　　张 9.75
版　　次 2021 年 11 月第 1 版
印　　次 2021 年 11 月第 1 次印刷
书　　号 ISBN 978-7-5215-0470-5
定　　价 48.00 元

目　录

第一章　让渡定律的含义

第一节　让渡的概念

在一个科学系统中总是要对概念下定义，而且一定会用一些已知的概念来定义新的概念，但概念的个数是有限的，总有一些概念不能引用别的概念来定义。这样的概念叫作这个科学体系中的原始概念。让渡就是个原始概念，它是本书的最基本的概念，我们只能对它进行描述和解释性表述。下面是我们对让渡概念的表述：

1. 物质都按照一定的逻辑关系，自由组合成不同类型的、不同规模的系统，这些系统存于时空中。

2. 当系统中物质的力量（能量）各方处于均衡（都接受的均衡配置状态）时，我们称该系统处于平衡、协调的稳定状态。

3. 随着时间的变化，系统中物质的力量（能量）也会变化（力量的加或减是混合型原理共同作用的结果）。当已有的平衡、协调的稳定状态被打破时，系统中的各方形成“多对多或一对一或一对多或多对一”等不同的力量（能量）对比方，他们之间产生一种神奇的转换驱动力，他们也是这种转换的对手方。

4. 当物质积累起的能量完全得以释放并为对手方吸收以后，这个系统就形成了新的平衡、协调的稳定状态。

5. 让渡就是一种能量释放（或吸收）的全部过程，或者说，是某一系统不同的稳定状态相互转换的方式或工具等。

我们从五个方面进行表述，希望能够把让渡定律讲清楚。概括起来就是，**在稳定系统中，随着时间推移，为有效地消化吸收现有的稳定状态中的物质所积累起来的不平衡，不协调，不稳定的力（能、质）量，使用某种工具（方式、措施），使其能达成新的稳定状态，我们把在此过程中所使用的工具（方式、措施）称为让渡。**

用公式表示：$E_n = E_{n+1} = \ldots$，$E_n = \sum_{i=1}^{M_n} F_i$［$E$ 为力（能、质）能量；$n = 0$、1、2 ... E_n 为在第 n 次状态下系统的力（能、质）量；F_i 为同一稳定状态下的分支能量；M_n 为其分支个数］。

世界上的能量是守恒的，总能量是定数。因此，世界上的任何目标都是要达到“平衡”，而任何平衡只存在于某些时点处，即随时随地都可能会被打破，这是让渡的灵魂。

让渡，具有出让、交付的含义，常用于权利让渡、价值让渡、利益让渡等。让渡不是放弃，更不是失去，而是一种合作，一种协调，一种妥协，一种默契。只是让渡可能是在暴力下完成，也可能是在和平下完成。

经济范畴的让渡，就是指权利人将自己有形的物、无形的权利（如有价证券的收益权等），通过一定的方式，**全部或部**

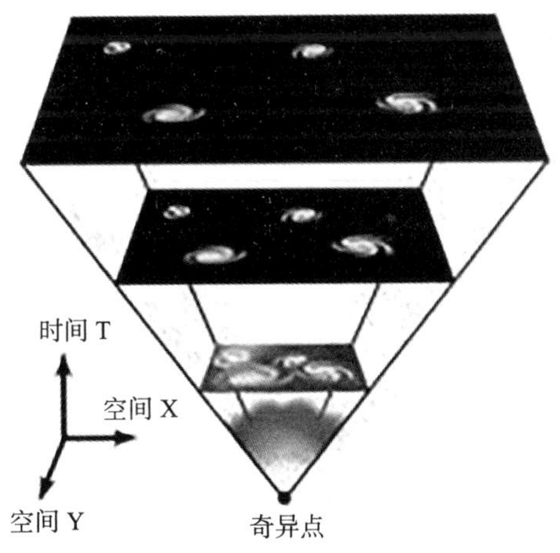

图 1-1　物理学的奇异点

分地以有偿或者无偿的方式转让给他人所有、占有，或行使相应权利。如商业银行的贷款，就是让渡其信贷资金使用权的方式。

在商品经济中，买进卖出是非常普遍的有偿让渡方式；而对他人或某一地区的捐赠，就是一种无偿的让渡。

自然社会物质的让渡是指自然界释放一种长期积累的自然力量，使其达到新的稳定状态，包括下雨、地震等方式。

以上描述与我们提出的让渡概念是完全一致的，恰好可以作为让渡概念的例证。在实践上给予我们信心，在理论上让我们坚定了正确提炼及描述让渡概念的信心。

第二节　让渡的四要素

完成一次让渡活动的基本要素有四个：出让方、受让方、标的物和让渡方式，简称让渡的四要素，四个必不可少的主角。如何描述这四要素，这也是四个原始概念。我们可以参考经济市场上进行交易时候的普遍用法，但是，不能完全沿用。

何谓出让方？在让渡过程完成后，新的实际拥有方完全接受了转让过来的能量（权利等），我们称原来的能量（权利等）拥有方为出让方。

例如：在产权成交后，该产权就由新的实际拥有方接受，我们把该产权原来拥有方叫出让方。出让方是境内外具有民事权利能力和民事行为能力，能独立承担民事责任的法人、自然人或其他组织。

何谓受让方？在让渡完成后，新的实际拥有方完全接受了转让过来的能量（权利等），则我们称新的实际拥有方为受让方。

例如：在产权成交后，该产权新的实际拥有方，称之为受让方。他可以是境内外具有民事权利能力和民事行为能力，能独立承担民事责任的法人、自然人或其他组织。

什么是标的物？标的，顾名思义是目标。在让渡过程中，出让方与受让方在各自相向履行自身职责时所共同指向的对象或目标，称之为标的。标的物就是标的之承载物的简称。

我们通过分析日常的经济活动可以更好地理解这个概念。例如：标的是合同当事人双方权利和义务所共同指向的对象。标的可以是“物”，一般的买卖合同（购买实物），如买手机、房屋……也可以是“行为”（包括“不行为”）。“行为”，比如运输合同、保管、劳务。举例说，你到邮局寄一封信，信封上贴了在邮局买的邮票，邮局就有义务“按时把信件投送到指定的收信人手中”。这里，“按时把信件投送到指定的收信人手中”就是你和邮局之间的合同标的，它是“行为”。“不行为”例如，我给你钱，租用你的承包地一年，你同意“在一年内不在这块地上种庄稼”，这就是我花钱买你的“不行为”。

标的是指合同当事人之间存在的权利义务关系。标的物就是指当事人双方权利义务指向的对象。

在房屋租赁中，标的是房屋租赁关系，而标的物是所租赁的房屋。

让渡方式，顾名思义，是指让渡双方以何种方式、措施或者办法进行的转让，是双方在自愿的基础上，提供给对方的物品或服务，在达成一致意见的基础上进行的交换活动。

我们从商品交易来看，交易方式是随着商品交易的产生而产生，同时，也是买卖双方在商品交易实践中，根据不同商品、不同地区、不同对象以及双方的不同需要而逐渐形成的，是随着商品经济的发展而不断发育和完善的。任何一种交易方式都是与一定的生产规模、生产方式相联系的，都是在特定的条件下形成的。交易方式既不是固定不变的，也不是可以任意选择的，而是一个逐步发展、逐步完善的过程。这个过程一般表现为：从野蛮到文明、从单一到多样、从简单到复杂、从传统到现代，以适应多品种、大批量、远距离商品流通发展的需要。

通过上述分析，我们发现能够完成的让渡过程一定具有清晰的四要素，没有厘清四要素的让渡事项是难以实现的让渡计划。

第三节　让渡工具

什么叫让渡工具？为达到平衡、协调和稳定状态的转换过程中所使用的工具称为让渡工具。

让渡工具还包括让渡过程中，参与各方共同使用的方式、办法和措施等。

让我们看看一些案例：

我们知道，按照断层说，地震是由于板块漂移导致地应力积累，其应变能量破坏了岩层，导致岩层断裂而发生的。显然，这样一种地应力的解除是通过地震来实现的，地球表面又重新得以回到平静状态。地震就是这一过程中使用的工具，即让渡工具。

商业银行把钱借给实体企业使用，实际上就是让渡了资金的使用权。这样的让渡过程是通过贷款来完成的。贷款是商业银行在实现其核心业务时要用到的重要工具。贷款就是一种让渡工具。

小蜜蜂在花丛中飞到东飞到西，辛勤地采蜜。这里就存在一种典型的让渡过程，即：花儿把花蜜付给小蜜蜂，小蜜蜂帮助实现雌雄花粉的交配；花儿能够结果，蜜蜂能够出蜜！交配是一种让渡工具。

让我们总结一下让渡工具：地震、海啸、雷雨、旱涝、暴风、流沙、婚姻、贷款、租赁、信托、赠予、贸易、偷、战争、革命、改革、妥协、交配、交易、置换、默契……

第四节　让渡的功能

在本书中，我们只讨论让渡的“五大功能”即：平衡供求的功能、互通有无的功能、实现价值的功能、流动权益的功能、整合资源的功能。

平衡供求的功能。任何一个个体，其自身的需求是多元化的、全方位的，而自身的供给能力是有限的、部分的。只有通过让渡来找到能够满足自身的需求。这便是平衡供求。同时，供求的平衡也是客观需要的事实。这一切都要靠让渡来完成。

我们通常了解的平衡供求是指消除供求之间的不适应、不平衡现象，使供应与需求相互适应，相对一致，消除供求差异，实现供求均衡。这也是一个经济学概念的延伸，我们可以用经济学中平衡供求的概念来理解一般意义上让渡的平衡供求功能的概念。

在一定价格或交换比例下，一种商品的供应速度与销售速度相等，就是供求平衡。当供应速度大于销售速度时，这种商品就会产生积累，就要过剩，逼迫价格下降，购买的人增多，销售速度就会加快，又可以达到新的平衡。当供应速度小于销售速度时，就会出现抢购现象，商品的价格就会提高，购买人减少，销售速度就要减慢，从而达到新平衡。

真正正好的供求平衡是很少存在的，多数都是基本平衡。

这种关系可以用如图 1-2 所示：

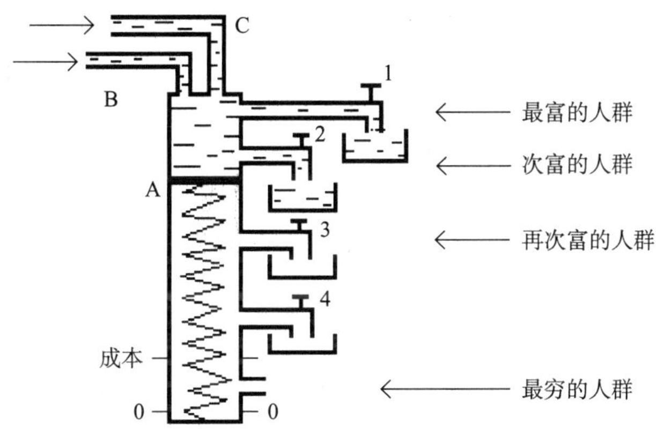

图 1-2　管状容器注水模拟图

密闭管状容器内部有一活塞 A，下面用弹簧支撑，A 上面的水代表某一种商品，水的体积就代表这种商品的供应数量；A 所在的位置表示商品的价格，A 的位置越高，就表示这种商品的价格越高；管子下部的第一道横线表示的是这种商品的成本

（这个成本指的是传统的成本概念，即商品生产消耗的原材料、工人工资等），表示当活塞A降到此处时，商品保本出售；第二道横线表示活塞A到此处时，商品的价格为0；容器上面的输水管B和C向容器内输水，表示多个企业向市场供应这种商品，输水速度就表示供应速度；管子右侧从上到下排若干水龙头，表示的是这种商品向消费者出售，水龙头的流速就表示商品的销售速度；最上面的1号水龙头所在的位置是价格最高的位置，表示这种商品的价格最高时，只有最富的人才能买得起。

下面我们一起来分析图中的运行情况。

生产企业生产出来某种商品向市场供应，水从最上面的水管B和C流入容器，如果把价格定在图中A的位置，就只有最富的人和次富的人能买得起，这两群人把钱交给销售者，打开水龙头把水放进他们的水杯，当水杯注满时，即他们的需求满足时，他们要关闭水龙头（例如，每个富人买一辆或两辆轿车后，就停止购买）。而这时生产还在继续，水还不断被注入容器，就迫使活塞A下降，即商品的价格下降，当降到3号水龙头位置下面时，再次富的人就买得起了，他们就打开水龙头，把水往水杯里放。当他们满足后，他们就停止购买，这时就迫使活塞

A 就继续下降，即商品的价格继续下降。当降到接近成本位置时，商家就要停产或减产，那么 B 和 C 管的流速就要减小或停止。当原来购买过这种商品的人消耗完这种商品后，如最富的人原来买的轿车已经用坏了，又想购买新的，这时他们又把水龙头打开，这样活塞 A 又要上升一点。商家一看，价格有些抬头，又开始生产，这样 B 和 C 管的流速又加大一点，又把活塞 A 挤了下去。所以活塞就基本保持在原来的位置不动了。

互通有无的功能。什么叫互通有无？相互间拿多余的东西去调换所缺少的东西，这就叫互通有无。显然，调换东西就是一种让渡方式，换句话说，让渡能够完成有与无之间的交换，从而达到你有我有大家有的境界。

我们通过一段历史故事来理解一下：公元 1193 年，李纯祐即位。此时的西夏，国力已大大衰微。而此时，正是蒙古兴起并日益强大的时期，来自蒙古的威胁加速了其由盛而衰的进程。

此时金国虽失去了昔日金戈铁马的雄风，但毕竟物产丰富，文化发达，军事力量雄厚。西夏在国力上弱于金，但和金订有“交相救援”之盟，两国政治上主从，军事上联盟，经济上互通有无，使者往来不断。西夏与金国之间的联盟关系使蒙古有所顾忌，不再来犯。

这个故事清楚地告诉我们：西夏与金通过这种联盟关系，实现了经济上互通有无等让渡方式的实施，维持了其国家的强大形象。由此我们也可以看到让渡的一个重要功能正是“互通有无”。

实现价值的功能。任何东西都是有价值的，而且不止一种价值。其价值怎样实现呢？即如何把他的价值展示出来，让渡就有这样的功能。

价值泛指客体对于主体表现出来的积极意义和有用性。可视为是能够公正且适当反映商品、服务或金钱等值的总额。在经济学中，价值是商品的本质属性，代表该商品在交换中能够交换得到其他商品的多少。价值通常通过货币来衡量。马克思还将价值分为使用价值（给予商品购买者的价值）和交换价值（使用价值交换的量）。

在商品价值实现过程中，让渡的形式可能表现为价值转移、传承、兑现等；通过这些手段，商品（物质）价值能够轻松实现。这也充分说明了让渡是具有实现价值的功能的。

流动权益的功能。权益是一个比较重要的概念，如产权、股权、主权等，都是不可侵犯的。所以，它们的流动性非常低。比如有限责任公司和股份有限公司相比较，股份有限公司的优势是实现了产权商品化、证券化、市场化，从而打破了资本的凝固状态，为企业的发展创造了资本筹集、优化重组的机制。但是现实的状况是，非上市股份制公司的股权流动性比有限责任公司更低，持有非上市股份公司股权的股东甚至没有合法的退出渠道，这也是非上市股份公司股权所面临的突出问题。公司法对于股份有限公司的股份发行和转让明确规定，“股东转让其股份，应当在依法设立的证券交易场所进行或者按照国务院规定的其他方式进行”。权益的流动只有通过让渡来实现，让渡具有使权益流动起来的功能。

整合资源的功能。资源整合是指企业对不同来源、不同层次、不同结构、不同内容的资源进行识别与选择、汲取与配置、激活与有机融合，使其具有较强的柔性、条理性、系统性和价值性，并创造出新的资源的一个复杂的动态过程。资源整合是系统论的思维方式，就是要通过组织和协调，把企业内部彼此相关但却彼此分离的职能，以及企业外部既参与共同的使命又拥有独立经济利益的合作伙伴整合成一个为客户服务的系统，取得 1 + 1 大于 2 的效果。

并购重组总体对企业来说是好事，可以优化资产、搞活企业。1998 年 9 月，合肥荣事达集团公司正式兼并重庆洗衣机总厂。经过不到两年的经营，旗下的“荣事达”与“三峡”品牌在重庆地区市场占有率共由 40% 上升至 70% 以上，平均毛利率比上年同期增长 82.57%。探究其成功之路，无不得益于兼并后荣事达集团的有效人力资源整合管理。兼并之初，集团不减人员、不动班子，承担全部员工、保留原厂级领导职位，集团只派 3 人出任公司副总经理、总工程师和财务总监助理，并决定把当年利润用于增加员工工资和奖励管理者。一段时间后，组建了新班子，并由新班子对公司进行管理和机构改革，新机构将原来的 16 个处室、3 个车间调整为 6 处 1 室、4 个车间，精减中层和机关管理人员 63 人。这些措施把荣事达引上了成功之路。

并购重组其实就是整合资源的一种方式。企业之间的并购重组、产权转让、合作协同等都是通过让渡来实现的。让渡具有整合资源的功能。

第五节　让渡定律的含义

定律是一种理论模型，用以描述特定情况、特定尺度下的现实世界，在其他尺度下可能会失效或者不准确。由此，我们有了提出让渡定律概念的想法。

在让渡定律中，宇宙万物都按照一定的逻辑关系集结于某一系统中，而这样的系统总是处在要么稳定要么不稳定的状态中，即从一种平衡、协调的稳定状态转换到另一种平衡、协调的稳定状态这样周而复始的转换过程中。这种转换，是因为前一种平衡、协调的稳定状态下物质力量的积累而出现了失衡、失调和动荡的力量，只有通过让渡工具消化吸收这种物质所积累的力量，才能够使系统重归于平衡、协调的稳定状态。我们把这种在让渡工具作用下系统的平衡、协调的稳定状态转换中的物质的运动方式的规律，称之为让渡定律。

让渡定律揭示了事物产生与变化的根本方式。它告诉人们，只有通过让渡才能产生新的事物，只有通过让渡才能使事物不断地变化发展。这是让渡定律的核心意义。

让渡就像山、就像水、就像时间一样，通过人类的管理可以为人类所使用。

“让渡”是有现象的，因此可知；是有规律的，因此可控；是有能量的，因此可用；是有价值的，因此可获。所以，通过管理使用让渡的功能，从而满足人类的很多需求，就像人类管理山、水、时间一样。

让渡是有现象的，如地震、贷款、转让、馈赠等，这些都是有明显现象存在的，因此我们也容易知道和掌握。但是，在高维空间中，让渡现象可能处于隐蔽状态，我们是可以去知晓的。

让渡是有规律的，比如地震。如此让人类无奈的让渡工具也是可以预报的，人类正朝着这个方向努力。找到了规律，就找到了控制的方式。

让渡是有能量的。让渡的能量分两个层次：自身能量和杠杆能量。自身能量是指作为特殊物质，离不开物质的属性，当然有能量存在于身；杠杆能量是指通过自身的作用，产生能量的放大效果，即有更大的能量形成。不管是哪种能量，只要有能量，就有可用武之地。

让渡是有价值的，因为让渡的的确确能够解决很多问题，也是解决很多问题的唯一方式。正如让渡定律的核心意义：揭示事物产生与变化的根本方式。

让渡是一种特殊的物质。那么，人类如何管理好这样一种特殊物质，从而为人类作出贡献，这将成了人类的一个崭新的课题。让渡是值得人类去管理的，科学地管理与使用让渡，才能使其为人类作出较大的贡献。

第二章　用已知原理解析让渡定律

第一节　从正态分布看让渡定律

正态分布（Normal distribution），又名高斯分布（Gaussian distribution），是一个在数学、物理及工程等领域都非常重要的概率分布，在统计学的许多方面有着重大的影响力。

正态分布是自然科学与行为科学中定量现象的一个方便模型。各种各样的心理学测试分数和物理现象，比如光子计数都被发现近似地服从正态分布。尽管这些现象的根本原因经常是未知的，理论上可以证明如果把每个分数或计数看作一个变量，那么这个变量在随机抽样中的结果服从正态分布（在 R.N.Bracewell 的 *Fourier transform and its application* 一文中可以找到一种简单的证明）。正态分布出现在许多区域的数值统计中。例如，采样分布均值在大样本中是近似常态的，即使被采样的样本的原始群体分布并不服从正态分布。另外，正态分布信息熵在所有的已知均值及方差的分布中最大，这说明它作为一种均值以及方差已知的分布是自然选择。同时正态分布也是在统计以及统计测试中应用最广泛的一类分布。

正态分布有极其广泛的应用背景，生产与科学实验中很多随机变量的概率分布都可以近似地用正态分布来描述。例如，在生产条件不变的情况下，同种产品的强力、抗压强度、口径、长度等指标；同种生物体的身长、体重等指标；同种种子的重量；测量同物体的误差；弹着点沿某一方向的偏差；某个地区的年降水量，以及理想气体分子的速度分量，等等。一般来说，如果一个量是由许多微小的独立随机因素影响的结果，那么就可以认为这个量具有正态分布（见中心极限定理）。从理论上看，正态分布具有很多良好的性质，许多概率分布可以用它来近似，还有一些常用的概率分布是由它直接导出的，例如对数正态分布、t 分布、F 分布等。

在联系自然、社会和思维的实践背景下，我们以正态分布的本质为基础，以正态分布曲线及面积分布图为表征进行抽象与提升，抓住其中的主要哲学内涵。正态分布论（正态哲学）的主要内涵归纳如下：

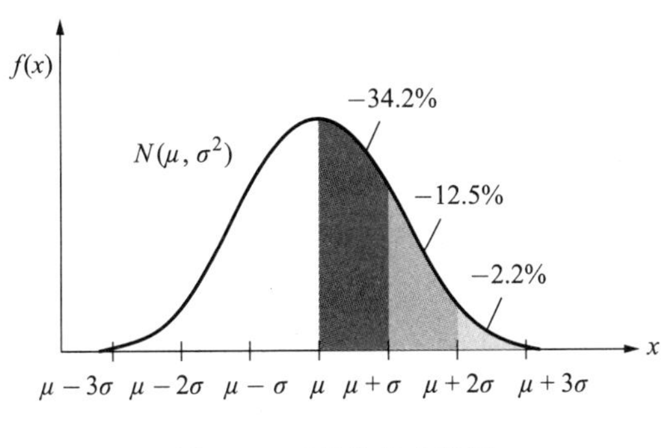

图 2-1　正态分布曲线图

1. 整体论

正态分布启示我们，要用整体的观点来看事物。“系统的整体观念或总体观念是系统概念的精髓。”正态分布曲线及面积分布图由基区、负区、正区三个区组成，各区比重不一样。整体大于部分之和，在分析各部分、各层次的基础上，要从整体看待事物，因为各部分有着不同的特点。用整体观来看世界，就是要立足于基区，放眼负区和正区；既要看到主要方面还要看到次要方面；既要看到积极的方面还要看到事物消极的一面；既看到事物先进的一面又要看到落后的一面。片面看事物必然看到的是偏态或者是变态的事物，不是真实的事物本身。

2. 重点论

正态分布曲线及面积分布图非常清晰地展示了重点，那就是基区占 68.4%（图 2-1 中 μ 左右各占 34.2% 区域），是主体，要重点抓，此外 95%、99% 则展示了正态的全面性。认识世界和改造世界一定要抓住重点。因为重点就是事物的主要矛盾，对事物的发展起主要的、支配性的作用。抓住了重点才能一举其纲，万目皆张。事物和现象纷繁复杂，在千头万绪中不抓住主要矛盾，就会陷入无尽的琐碎之中。由于时间和精力的相对有限，出于对效率的追求，我们更应该抓住重点。在正态分布中，基区占了主体和重点。如果我们结合 20/80 法则，更可以大胆地把正区也看作是重点。

3. 发展论

联系和发展是事物发展变化的基本规律。任何事物都有其产生、发展和灭亡的历史，如果我们把正态分布看作是任何一个系统或者事物的发展过程的话，就能明显看到它从负区到基区再到正区的过程。无论是自然、社会还是人类的思维都明显遵循这样一个过程。准确地把握事物或者事件所处的历史过程和阶段有助于我们掌握事物、事件的特征和性质，是我们分析问题、采取对策和解决问题的重要基础和依据。发展的阶段不同，性质和特征也不同，分析和解决问题的办法要与此相适应，这就是具体问题具体分析，也是解放思想、实事求是、与时俱进的精髓。正态发展的特点还启示我们，事物发展大都是渐进的和累积的，走渐进发展的道路是事物发展的常态。例如，遗传是常态，变异是非常态。

总之，正态分布论是科学的世界观，也是科学的方法论，是我们认识和改造世界的最重要和最根本的工具之一，对我们的理论和实践有重要的指导意义。以正态哲学来认识世界，能更好地认识和把握世界的本质和规律；以正态哲学来改造世界，能更好地尊重和利用客观规律，更有效地改造世界。

用正态哲学来看让渡定律，对于我们认识让渡定律非常有帮助。

由正态分布理论可知，物质力量是按照正态方式分布的。即当处在一种稳定状态下，我们所考察的物质的某一指标是集中在平均数周围里的一种中间多两边少的分布状态。随着时间的推移，已经处在平衡状态下的物质不可能继续向着集中的方向变化了，这时候就会有一种向着分散方向变化的力量要求改变这样的分布状态。由唯物辩证法的基本常识，我们能够想到，这样的分布的特点就是集中，那么，其发展方向得向着分散而不再集中去，于是就出现了让渡。这样就有一种循环：分散—集中—再分散—再集中的不断反复过程，即出现了让渡情况，这是非常自然的一个客观存在的过程。

市场经济国家在经历几十年的发展以后，按照正态分布理论可知，其财富的分布一定会出现 20/80 法则情形，即 20% 的人拥有了 80% 的财富，或者说 80% 的人在财富上都成了新的落后阶层。时间（T）还得继续推移，接下来会发生什么故事呢?肯定是这 80% 的人要求去拥有对等的 80% 的财富。

哈佛商学院的一位教授调查了 5000 多位美国人，问他们认为美国的财富分布是怎样的。他们把所有人分为 5 个组：最底层的人占 20%，最富有的人占 20%，以及中间的三组的人分别占 20%；并比较他们分别拥有的财富量。调查发现，92% 的美国人“认为”的财富分布与真实财富分布情况大相径庭。

第二节　能量守恒定律与让渡定律

能量既不会凭空产生，也不会凭空消失，它只能由一种形式转化为其他形式，或者从一个物体转移到另一个物体，在转化或转移的过程中，能量的总量不变。这就是能量守恒定律，如今被人们普遍认同。

1. 自然界中不同的能量形式与不同的运动形式相对应。物体运动具有机械能、分子运动具有内能、电荷的运动具有电能、原子核内部的运动具有原子能等。

2. 不同形式的能量之间可以相互转化。“摩擦生热是通过克服摩擦做功将机械能转化为内能；水壶中的水沸腾时水蒸气对壶盖做功将壶盖顶起，表明内能转化为机械能；电流通过电热丝做功可将电能转化为内能等。”这些实例说明了不同形式的能量之间可以相互转化，且是通过做功来完成的这一转化过程。

3. 某种形式的能减少，一定有其他形式的能增加，且减少量和增加量一定相等。某个物体的能量减少，一定存在其他物体的能量增加，且减少量和增加量一定相等。

能量守恒定律，是自然界最普遍、最重要的基本定律之一。从物理、化学到地质、生物，大到宇宙天体，小到原子核内部，只要有能量转化，就一定服从能量守恒的规律。从日常生活到科学研究、工程技术，这一规律都发挥着重要的作用。人类对各种能量，如煤、石油等燃料以及水能、风能、核能等的利用，都是通过能量转化来实现的。能量守恒定律是人们认识自然和利用自然的有力武器。

能量守恒定律告诉我们，物质能量是不会自然消失的，在总量不变的情况下，会有结构性调整，这样的一种调整表现为转移、转化等形式，其实，这就是我们所说的让渡。

“水壶中的水沸腾时水蒸气对壶盖做功将壶盖顶起，表明内能转化为机械能；电流通过电热丝做功可将电能转化为内能等。”这些实例说明了不同形式的能量之间可以相互转化，且是通过做功来完成这一转化过程的。这里的“做功”就是一种让渡工具。能量守恒定律让我们对让渡定律有了更多的亲切感。

第三节　化学反应中的让渡定律

化学反应原理是人们通过对大量化学反应的观察、比较、分析、综合、抽象、概括等思维过程形成的适用于所有化学反应的普遍规律，这些原理的形成是由特殊到一般、由具体到抽象、由现象到本质的认识过程。

在化学反应中，参加反应前各物质的质量总和等于反应后生成各物质的质量总和。这个规律就叫作质量守恒定律（Law of conservation of mass）。它是自然界普遍存在的基本定律之一。在任何与周围隔绝的体系中，不论发生何种变化或过程，其总质量始终保持不变。或者说，任何变化包括化学反应和核反应都不能消除物质，只是改变了物质的原有形态或结构，所以该定律又称物质不灭定律。

教科书中化学反应原理模块包括三个方面：化学反应与能量、化学反应速率和化学平衡、溶液中的离子平衡。三者既相互独立又彼此联系。

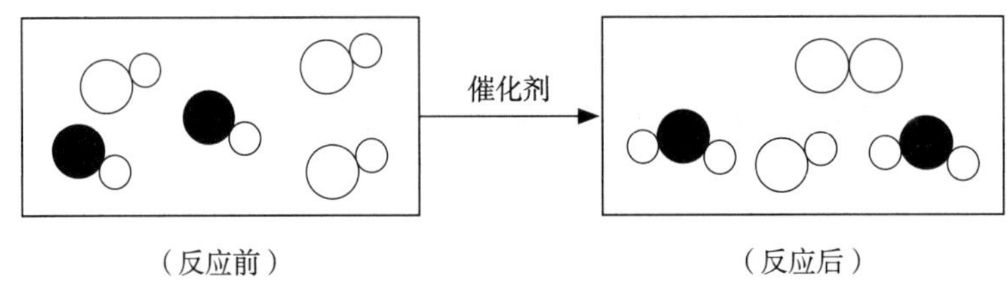

图 2-2　化学反应发生前后对比图

化学反应与能量研究化学反应中能量转化所遵循的规律，包括化学能与热能、化学能与电能的转化以及化学对解决人类能源问题的重要贡献等内容；化学反应速率和化学平衡研究化学反应发生的方向、限度和速率所遵循的规律，包括化学反应速率的含义及影响化学反应速率的因素、化学平衡的含义及影响化学平衡的因素、判断化学反应方向的依据等；溶液中的离子平衡属于化学平衡原理的一些应用，包括弱电解质的电离平衡、盐类的水解以及沉淀溶解平衡等。

化学反应是在能量守恒定律及质量守恒定律下进行的，其中包含了像置换反应（让渡）等形式。置换反应的实质与得失电子的难易程度有关。如铁、铜两种金属原子，铁原子比铜原子容易失电子，铜离子比亚铁离子容易得电子，所以单质铁放到铜离子溶液中，铁原子失电子而铜离子得电子从而发生置换反应。因此，活动性强的金属（也就是容易失电子的原子）可以把溶液中活动性弱的金属（即原子难失电子，而阳离子容易得电子的元素）离子置换出来。

我们来看看置换反应的案例：

1. 还原性单质与金属氧化物的反应

$$H_2 + CuO = Cu + H_2O$$

2. 活泼金属与酸的反应

$$Mg + 2HCl = MgCl_2 + H_2\uparrow$$

3. 金属与某些盐溶液的反应

$$Fe + CuSO_4 = Cu + FeSO_4$$

上述的反应式清楚地表明，金属原子之间的置换变化。这种变化是新的物质的产生过程，也是一个系统的变化过程。这样的置换就是让渡。“置换”是化学反应中的一个让渡工具。在化学反应中我们看到了精彩、纷繁的物质之间的让渡场面，当然就进一步了解了让渡定律。

第四节　由纳什均衡想到的让渡定律

什么叫纳什均衡？假设有 n 个局中人参与博弈，给定其他人策略的条件下，每个局中人选择自己的最优策略（个人最优策略可能依赖于也可能不依赖于他人的战略），从而使自己利益最大化。所有局中人策略构成一个策略组合（Strategy Profile）。纳什均衡指的是由所有参与人最优策略组成的一种战略组合。即在给定别人策略的情况下，没有人有足够理由打破这种均衡。从实质上说，纳什均衡是一种非合作博弈状态。纳什均衡达成时，并不意味着博弈双方都处于不动的状态，在顺序博弈中这个均衡是在博弈者连续的动作与反应中达成的。纳什均衡也不意味着博弈双方达到了一个整体的最优状态，经典的“囚徒困境”就是一个例子。

警方逮捕了甲、乙两名犯罪嫌疑人，但没有足够的证据指控二人有罪。于是警方将犯罪嫌疑人分开关押，分别和二人见面，并向双方提供以下相同的选择：

（1）若一人认罪并作证检控对方（相关术语称“背叛”

对方），而对方保持沉默，此人将即时获释，沉默者将判刑10年。

（2）若二人都保持沉默（相关术语称互相“合作”），则二人同样判刑半年。

（3）若二人都互相检举（互相“背叛”），则二人同样判刑2年。

（4）用表格概述如下：

表2-1　囚徒困境策略组合

	甲沉默（合作）	甲认罪（背叛）
乙沉默（合作）	二人同服刑半年	甲即时获释；乙服刑10年
乙认罪（背叛）	甲服刑10年；乙即时获释	二人同服刑2年

纳什均衡的重要影响可以概括为以下六个方面：

（1）改变了经济学的体系和结构。

（2）扩展了经济学研究经济问题的范围。

（3）加强了经济学研究的深度。

（4）形成了基于经典博弈的研究范式体系。

（5）扩大和加强了经济学与其他社会科学、自然科学的联系。

（6）改变了经济学的语言和表达方法。

在进化博弈论方面相当有造诣的坎多利（Kandori, 1997）有过一句名言："你甚至可以使一只鹦鹉变成一个训练有素的经济学家，因为它必须学习的只有两个词，那就是'供给'和'需求'。"他又说："现在这只鹦鹉需要再学两个词，那就是'纳什均衡'。"

这种"供给"和"需求"的互换形成了让渡，在这样的让渡过程中，展现出一幅纳什均衡的美丽画面。

再看科斯定理：科斯定理 (Coase theorem) 是由罗纳德·科斯（Ronald Coase）提出的一种观点，即在某些条件下，经济的外部性或曰非效率可以通过当事人的谈判而得到纠正，从而达到社会效益最大化。科斯本人从未将定理写成文字，而其他人如果试图将科斯定理整理成文字，则无法避免产生歧义。关于科斯定理，比较流行的说法是：只要财产权是明确的，并且交易成本为 0 或者很小，那么，无论在开始时将财产权赋予谁，市场均衡的最终结果都是有效率的，从而达到资源配置的帕累托最优。请注意，帕累托最优不是单纯的、最好的意思，而是最适合、最能够让大家都接受的优化状态。科斯定理具体概述如下：

1. 在交易费用为 0 的情况下，不管权利如何进行初始配置，当事人之间的谈判都会导致这些财富最大化的安排；

2. 因为交易费用的存在，不同的权利界定和分配，会带来不同效益的资源配置，所以产权制度的设置是优化资源配置的基础（达到帕累托最优）。

在现实世界中，科斯定理所要求的前提条件往往是不存在的。财产权的明确是很困难的，交易成本也不可能为零，有时甚至是比较大的。因此，依靠市场机制矫正外部性（指某个人或某个企业的经济活动对其他人或者其他企业造成了影响，却没有为此付出代价或得到收益）是有一定困难的。但是，科斯定理毕竟提供了一种通过市场机制解决外部性问题的新思路。在这种理论的影响下，美国和一些国家先后开放了污染物排放权或排放指标的交易。科斯定理与我们的社会生活密切相关，我们生活中的多种社会现象都可以用科斯定律来解释。它的出现为我们的生活添了光，使我们对社会的解释更加深刻。

通过上述的分析，我们发现在一个公平、公正、公开的平等环境里，不管初始情况如何，通过市场的配置（交易），最终都将达到帕累托最优，囚徒困境便是典型的案例。看来，达到纳什均衡状态的过程就是一种让渡的过程。回过头来看，这是让渡定律在经济社会领域的应用，通过让渡可以达到大家都接受的一种平衡。

第三章　交易所为让渡而生

第一节　交易所的使命

交易所可能是对让渡定律的应用最直接的诠释了。我们从以上报告中能够看到交易所的使命呢。

交易所肩负着建立和发展市场经济的艰巨任务。交易所应坚持以科学发展观为指导，本着稳健发展、与时俱进的原则，打造一个健康规范、高效透明、积极创新、技术先进的交易场所。交易所秉承“公开、公平、公正”的交易原则，以信用（国家的）保障体系为核心，为提高风险承受能力、促进经济增长、维护社会平稳和保证可持续发展发挥着积极作用。

第二节　交易所的基因

商业银行等金融机构是交易所，给市场提供了专门从事委托交易的场所，具有登记、托管、交易、结算等功能，属于间接融资性交易；证券交易所处理的是直接融资交易，它的出现是共享金融时代到来的必然结果。我们在长期的工作学习中，对于场内、场外交易所有了深刻的认识，我们可以这样表述交易所的基因：

一、交易所具有市场独立的特质

交易所的核心特征是独立的。在一定的市场中，除了买方、卖方和中介机构以外，市场要素流动赖以实现的平台就是交易所。交易所不能又当球员，又当裁判员。独立的一方的核心要求：不能直接参加游戏，不能与交易方产生直接的关联。

交易所的任务是优化交易环境。交易是有成本的行为，交易所的任务是降低交易成本，包括搜索成本、谈判成本等，而不是增加成本。

交易所使得交易清晰。交易所的任务就是要把多数人偶然发生的事情，变成少数人经常性、专业化操作的事情。它使交易过程变得清晰，使谈判成本进一步降低，使违规的概率得以减少。

交易所还有增信作用。在市场经济的环境下，交易的一大障碍就是信息不对称，一开始的交易在熟人之间进行，实际上是企图用人际关系降低交易风险。随着市场的扩大，就要与陌生人做交易，交易标的也越来越复杂，需要中介的进入，在这样的情况下，交易所就显得越来越重要了。通过它的专业化操作来规范复杂的交易环境，维护公平、开放、透明的交易市场秩序，提高交易的安全性与充分性，获取交易标的和投资者的价值最大化。

二、交易所是开放、透明的交易平台

交易所的另一重要特征是市场规则公开。

只有在公平、开放、透明的市场进行贷款业务，才可能从根本上解决利益负关联、钱权结合等问题。

三、交易所充分体现互联网功能

如果没有现代信息技术，没有互联网，交易所不可能发展壮大。市场本来就是无界的，互联的。现代信息技术和互联网的出现正好吻合了无界、互联这一点，使得某一交易所有可能成为全国甚至全球性的市场平台。

四、交易所是一个巨大市场的产物

做交易所的人一定要评估好交易标的的市场。只有一个巨大的市场才可以培育出一个交易所来。交易所是市场发展的高端产物。当市场成长到足够大时，监管、市场及各类要素都会呼唤搭建起与之相应的交易平台——交易所。交易所以非甲乙方的身份向市场提供了一个现实的场所。它也许是实体的，也许是线上的。例如商业银行、保险公司、证券交易所、基金公司、融资租赁公司、产权交易所、金融资产交易所、粮棉油交易所、生猪交易所等。

五、交易所的基础价值是信用

交易所是靠信用吃饭的，一旦出现信用风险就该关门了。一般情况下，商业银行的信用都是国家信用。非银行的交易所中也只有用国家信用作为担保的交易所才能生存。交易所是交易过程中的把关者。但交易所的把关是程序性审核，不是实质性审核。做业务设计时，要注意交易所永远不承担终极使者的责任。我们设计的一整套交易规则，把交易链条中的风险撇开并配置给不同的空间，法律风险由律师来承担，财务风险由会计师来承担，估值风险由评估机构来承担，权属风险由投资人来承担。这种做法，不是交易所的人为行为，而是交易所的职能所在，就像裁判员，他没有必要去承担球员、教练和领队等的风险一样，裁判的风险在于是否秉公，即不能是黑哨。总之，交易所只作合规性审核，交易所是独立第四方，不必承担所谓商业风险（交易的合规性风险除外）。

第三节　交易所的贡献

以下几个案例比较容易让我们理解交易所的贡献。

案例一：破解中小企业融资难题之思路

改革开放以来，中小企业已成为我国经济增长、市场繁荣、结构调整、技术创新和扩大就业的重要力量，也是我国经济体制改革和对外开放的重要参与者。但是，中小企业融资难这一难题依然没有解决。

对此我们试图用“贷款银行＋融资交易＋中小企业”的三位一体的系统方案来解答这道难题。

一、中小企业的特点

1. 中小企业的特征是：点多、线长、面广、身单、力薄、命短；

2. 中小企业的作用是：经济总量半壁江山、就业贡献接近全面、技术创新始终在先；

3. 中小企业的困惑是：融资难。

二、中小企业融资的难点

（一）中小企业方面

1. 自身能力弱，一般的信誉状况评价体系难以对其准确评判；

2. 数量太多，金融机构难以顾及；

3. 寿命不长，金融机构不敢介入；

4. 自身元素少，难以满足融资条件；

5. 融资功能差，不知道怎样向金融机构借钱；

6. 良莠不齐，不守信用的记录较多；

7. 在金融市场中地位较低，可供金融机构选择的大项目压住了中小企业的融资通道；

8. 信息不对称、不透明，借贷双方很难沟通。

（二）金融机构方面

1. 没有专注于中小企业融资的全国性大银行或全国性大金融机构；

2. 缺少为中小企业融资的大金融家；

3. 稀缺与中小企业完全相适应的金融产品；

4. 敢为中小企业融资承担责任的客户经理和支行行长越来越少；

5. 扶强不扶弱的信贷文化的作用强烈；

6. 金融机构认为支持中小企业融资的成本、风险难以从综合收益等方面得到覆盖；

7. 银行现有的“贷款银行 + 中小企业”的点对点授信流程不是中小企业融资的主要通道。

（三）其他方面

1. 政策支持虚的多实的少，喊的多做的少，办法多指标少，建议多落实少；

2. 金融机构没有适合中小企业融资的风险定价机制、价值转移或补偿机制等；

3. 缺少在社会经济各方面共同努力下打造的良性循环的融资（贷款）交易平台；

4. 市场经济体制下资金趋利的特性使得大量的资金去追逐大型企业而忽视了中小企业；

5. 政府在配套制度方面的建设速度远没跟上中小企业发展的速度。

三、中小企业融资难的瓶颈是没有“四新”

1. 没有一家大的银行或金融机构把中小企业融资作为主营业务来执行，即**一个新资金池**；

2. 没有统一的中小企业客户关系管理服务平台，即**一个新客户池**；

3. 没有足够大的政策、法规空间来让中小企业融资产品进行创新和使用，即**一个新空间**；

4. 没有一个公开、公正、公平的中小企业融资（贷款）产品交易平台，即**一个新通道**。

四、中小企业融资难的“三位一体”解决方案

针对上述特点、难点和瓶颈问题，我们提出搭建“借款银行 + 融资交易 + 中小企业”三位一体的融资流程，形成四大中心——融资中心、技术中心、交易中心和客服中心来解决中小企业融资难的问题。具体如下：

1. 成立一家全国性的商业银行，以独立、同分布的组织形式在全国范围内布点，以中小企业贷款为主营业务，带动其他

商业银行对中小企业的全面重视程度；

2. 在总行设立技术中心，专门研究完全适合中小企业的金融产品，并向全国推广；

3. 在各级设立交易中心，引进产权交易所的“交易”功能，让融资产品从增量到存量都通过公开、公正、公平的中小企业融资产品交易平台来完成，真正为中小企业搭建起一条融资的绿色通道；

4. 社会经济各部门，特别是政府、司法、监管等部门，要为中小企业融资创新开绿灯。

五、“三位一体”方案的功效

随着市场竞争机制的不断完善，中小企业必将成为金融机构更加关注的投资对象，为更好地推动中小企业与金融机构之间紧密合作、解决中小企业融资困境，我们的市场需要有一批熟悉企业融资流程、汇聚大量银企资源的服务机构承担起更多的社会责任，搭建金融机构与中小企业之间相互认识、了解、合作的桥梁。我们相信，“贷款银行＋融资交易＋中小企业”以及四大中心（融资中心、技术中心、交易中心和客服中心）

的三位一体的立体融资系统，将能够做到这一点。

这是笔者在2010年初提出来的一个创新思路。其核心就是嫁接了交易功能以实现解决中小企业融资难的问题。这套方案充分反映了交易所在其间的重要贡献。

案例二：担保类资产前置委托交易业务

2013年1月30日，北京金融资产交易所（以下简称北金所）邀请了来自中国法学会银行法研究会、德恒律师事务所、中诚信托有限公司、国家开发银行、中国投资担保有限公司、北京国际信托、北京首创担保有限公司、包商银行、天弘基金管理公司、嘉实基金管理公司、北京金融资产交易所等单位的专家学者，研讨笔者所带领的团体推出的“担保类资产前置委托交易业务”。

该业务是这样定义的：借款人向金融机构提出贷款申请，并以自身或者第三人（以下统称“抵押人/出质人”）有权处分的财产提供担保的，考虑到将来可能需要实现担保物价值或者借款人/担保人可能发生违约风险，由抵押人/出质人、金融机构与北金所共同约定，由抵押人/出质人作为交易委托人，委托北金所作为交易服务受托人，委托该金融机构作为交易代理人，在发生约定情形时，由交易代理人将担保财产通过北金所进行公开转让（法律对财产转让另有规定的从其规定），而无须再获得抵押人 / 出质人同意或授权的行为。

一、律师业观点

（一）产品创新特点

北金所创新的“前置委托交易”好比在律师界曾经有一些地方仲裁机构出现过的准司法处置方式。“前置委托交易”相比较于现行的金融机构担保类资产处置方式，有以下两个显著的好处：

1. 方便，即给了贷款人、借款人、担保人一个便利快捷的资产处置方式。资产交易时间比较快捷，方式比较简便，定价公正，减少了交易成本。这是这个产品的一个非常重要的特色。

2. 资产处置方式实现了可选择。在这个产品出现之前，金融机构和法律行业都存在惯性做法，必须通过起诉并取得判决的诉讼方式进行资产处置。但是这样的资产处置过程很复杂，时间很长，使借贷各方对司法过程不满，最终敬而远之。过去这种惯性导致缺乏有效的办法来解决资产处置难的问题。这种情况下，北金所这个产品更加尊重当事人双方的选择，即当事人双方的自主行为。法律上对这种当事人的自主选择是支持的，这种当事人之间的和议在我们创新产品当中能够得到体现。

（二）关注的问题

前置委托交易的可实施性和未来交易的可完成性还需要在进一步观察，具体的实施过程需要摸索。

（三）律师综述观点

1. 对创新业务表示支持。非常高兴看到金融机构中已经有人在资产处置方面做创新尝试，这种尝试对于借贷双方和交易机构都比较认可。

2. 创新业务的发展需要胆量和容忍度。创新要有胆量和容忍度，创新的过程中可能存在不完善的方面，希望监管机构对于创新给予系统支持，给予多一点容忍度。

二、信托业专家观点

信托业务专家评价：

1.“前置委托交易”解决了信托公司非上市质押股权处置问题；

2.“前置委托交易”是合法合规业务。

信托业专家疑问：

1. 在未来发生约定交易时，担保人单方解除委托协议，贷款人如何保障权利？

德恒律师认为，根据相关规定，担保人委托贷款人完全代表担保人来处置担保资产，贷款人根据授权有权进行交易，这是明确有法律规定的，贷款人完全可以代表担保人。贷款人取得授权处置资产，对贷款人的保护更好。若以司法拍卖处置资产，通常都存在资产打折的问题，而委托北金所来处置资产，则担保资产会升值，当事人都希望获得共赢的结果。如果出现极端情况，当事人一方不配合交易，可以回到诉讼途径解决问题。

交易所认为，金融机构原有的权益没有损失，现有的行使权利的机制对此业务完全正常适用。“前置委托交易”是在原有的业务架构里创设出来一种新处置途径，而且新的机制与原有业务机制并没有矛盾之处。

2. 交易受让方是否接受贷款人根据授权文件代表担保人与受让方签约？这种交易方式是否存在问题？

交易所认为，依据授权书代签在中国现行的资产交易中一直都是合法的，当然是有效的。

3. 农商银行质押股权在办理过户手续时可能还需要相关部门批准，监管部门对这种方式是否会提出异议？

交易所认为，根据现行政策，商业银行股权变更要看股权比例是否超过商业银行股权总额的 5%。如果没超过 5%，可以自由流转，不需要办理审批手续。

4. 在交易过程当中，是否先将质押股权解除质押再进行交易？

交易所认为，按照不良资产处置的交易惯例，通常是在转让方取得全部交易价款时才办理解除质押手续，之前不解除质押。

德恒律师认为，交易所人员已经解释得非常清楚，就是在转让过程中，先不解除质押，因为质押关系的建立就是为了债权的有效实现，没实现之前不能解除质押。

5. 交易合规性审查由谁负责？是否可能存在启动交易时部分材料欠缺、无法取得的情况？

交易所认为，交易所在“前置委托交易”关系建立之前，会对受托交易进行合规性审查，完全比照当期挂牌交易的要求，取得完整的交易文件，不会出现交易材料欠缺的问题，能够保障交易的合规性。

6. 如果出现担保资产处置诉讼的情形，是否会出现司法文件要求交易所停止交易？

交易所认为，“前置委托交易”整个业务逻辑是当事人各方都渴望实现共赢，只有在这一逻辑成立的条件下才能顺利开展业务。对担保人而言，最终通过诉讼、拍卖解决纠纷，也不是当事人希望的结果，反而损失更为严重，我们设计这种交易结构是综合考虑多方共赢的解决方案，是借款人和担保人更愿意接受的处置条件，他们更愿意配合采取这种方式解决问题。

7. 前置委托交易资产能否在工商部门成功过户？

交易所认为，产权交易所对转让方和受让方之间的交易都要保护。股权过户过程中工商局主要审核转让方和受让方的交易合同和交易所出具的合法交易凭证。根据这些交易证明文件，在工商局能够顺利办理过户手续。从 2004 年北京产权交易所成立以来，没有出现不能完成过户的情况。

三、银行业专家观点

银行专家评价：

1. 这项创新业务很让人振奋，我们对这项课题很感兴趣；

2. 通过这种机制，给金融机构多了一种选择，对借款人多了一种约束，多了一个手段；

3. 通过北金所这个交易平台，可以提供快捷的资产变现渠道；

4. 这项业务的一个显著优势就是快捷；

5. 希望通过分析金融机构的主要需求和北金所的显著优势，对这项业务进行试点合作和推广；

6. “前置委托交易”为银行处置不良资产开辟了新的渠道，相比较于发生违约以后再做委托交易而言有更多优势。

银行业专家建议：

根据会议讨论情况，希望在“前置委托交易”中加入“强制执行公证”机制，缩短交易周期。

四、基金业专家观点

基金专家评价：

1.“前置委托交易”这种方式，可能会提高金融机构对债权保护，包括担保类资产的最终处置效率，希望通过试点铺开，做强；

2. 在现有状况下，通过“前置委托交易”彻底解决资产处置问题还有一定难度；

3. 这种方式实质上也是给借款人做融资，是一种很好的债务解决方式。

基金业专家建议：

参照“强制执行公证”机制，建立“强制执行交易”机制，保障交易的顺利实施，处置效率会更高。

基金业专家疑问：

交易资产值是否需要交易所的认定？

交易所认为，需要北金所进行认定，担保类资产的价值应是与市场价值符合的公允价值，需要对其进行风险防控，避免价值偏离市场。

五、担保业专家观点

担保业专家评价：

“前置委托交易”是新业务，不可能解决风险控制方面的所有问题，但非常有意义。

担保业专家疑问：

1. 前置委托交易合同中委托采取全权、无条件、不可撤销的约定在法律中是否适当？

德恒律师认为，根据法律规定，若此约定是当事人的真实意愿，授权即是合法有效的。

2. 委托人可否撤销委托？

德恒律师认为，可以撤销。委托是单方面授权，但是如果撤销，根据合同的一系列约束，将追究委托人的违约责任。

3. 担保人放弃抗辩权是否适当？

德恒律师认为，根据法律规定，贷款人和交易所根据合约行使相关权利时，担保人无权提出抗辩。但如果贷款人、交易所出现违法行为，担保人可根据法律规定提出抗辩。

六、中国银行法学会专家观点

1.“前置委托交易”是一项很大的尝试和创新。

2. 这项业务的推出对借款人是一种约束，对商业银行是一种保护，对违约行为是一种警示。

3. 诉讼不是解决纠纷的好渠道，而是万不得已而为之的手段。“前置委托交易”方式比提起法律诉讼效果更好，有利于解决双方的权益纠纷，是一种双赢的行为，且如果出现不能协商的问题，最后还能通过法院强制性解决。

4. 这种交易会遇到极端情况，可能出现个案问题，但绝大部分还是没问题，对我国的金融大环境而言，有利于缓和整个社会化的社会矛盾。

七、交易所观点

1. 北金所与中诚信托合作的案例，体现了交易平台之间沟通的必要性。

2. 通过产权交易市场处置资产，实质上是一个融资的过程。

3. 在交易所公开、透明市场交易，对转让方、受让方都是一定的保护，对标的企业股权价值也是一个很好的保护，更是一种提升。

4. 我们现在经常遇到一些金融资产交易的问题，无论是物权、债权或者股权，或多或少都有一些资产贬值的可能。通过拍卖方式处置资产有一定的局限性，信息不能做到完全公开或者对称，公众投资人无法完全掌握交易信息，因此可能聚集的有效投资人很有限。

5. 在交易所和金融机构沟通的过程中我们获得的反馈普遍认为交易平台作用非常好，不仅能够实现资产保值而且能够增值，最大的特点就是信息完全公开，这对转让方、受让方、对标的企业都是很好的保护和商业利益实现。

6. 另外，通过调研产权交易实践，我们发现市场交易具有很高的灵活性。例如，如果一个转让方将所拥有得标的企业的 51% 股权用于质押融资，在实际担保资产处置交易中，出售 20% 股权就可以满足偿还借款，那么转让方还可以保留剩余部分股权。因此，通过公开市场交易，投资人可以通过这种公开的市场交易引进一些新的战略投资人，而剩余的 31% 股权还继续保留在标的企业当中，这样的交易不完全是一种资产处置，而是一种战略投资的引进。

7. 实践中可能会面临一些与担保有关的实质性问题，各位专家的看法给我们很多启发，在接下来的业务规划中，有一些环节设置上还要结合专家提出一些问题再深入细致地细化。

8. 前置委托交易业务分为两个阶段。第一阶段是前置委托，具体流程完全依据相关当事人的合约。第二阶段是公开交易，由交易所组织交易，交易所依据交易规则对交易合规性和操作进行风险防控。

9. 交易有效性的问题：

① 先从简单、易交易的资产做起，在探索中逐步积累经验。

首先，这种业务适合的标的资产的选择有一定的范围，不适宜涉及较为复杂的变更、登记的资产交易。所以我们会优先选定不涉及工商变更、未录入银行董事会名册的商业银行股份进行尝试。如果委托资产扩展到有限公司股权，涉及有优先购买权，以及需要股东确认后再进行权属变更的，会增加资产实现过户的阻力；如果再扩展到实物，又涉及更有难度的变更。

② 交易风险潜伏于具体实务的执行细节中，希望各方提供更好的防控手段。

10. 这项业务并不能彻底地解决担保类资产处置问题，但至少多了一个渠道。实际业务中需要各个环节环环相扣，才能形成一个闭环交易，通过交易所交易，能解决资产的流动性问题，避免金融业务的非友好性。

2013 年 5 月 10 日，北金所与南京银行北京分行举行了首单商业银行前置委托交易业务签约仪式。前置委托交易业务是北金所金融国资交易中心于 2012 年推出的一项创新业务。该项业务的形成经过了大量的机构走访和市场调研，对缓解金融机构担保资产处置难题起了积极作用，业务一经推出便受到了市场各类金融机构的广泛关注和肯定。

本次签约实现了前置委托交易模式在商业银行领域的首次应用，标志着北金所在金融创新和服务市场方面又上了一台阶，同时也是南京银行服务中小企业的一次具有创新和实践意义的探索。合作充分发挥了北金所作为专业化金融资产交易机构的优势，一方面，将企业担保物的价值提升到更加合理的市场水平，降低企业偿贷成本；另一方面，得益于专业的交易平台、活跃的竞价模式、安全的资金结算，让银行的资金获取更加高效便捷，有效地实现了交易所、银行、企业的三方共赢。

该产品是笔者带领团体一手打造的，后来南下广东，主持广东金融资产交易中心业务。为了适应南方信贷金融市场的需求，方便客户理解，团队对该产品进行了进一步的改进升级，并称之为“担保资产增信交易”，简称“保信易”。升级后的产品实践效果令人非常满意。几十家合作的金融机构纷纷按照自身的实际情况进行对接，为金融机构风险控制制度创新以及实体企业融资信用的提高提供了比较现实的选择。下面的通知便是最好的说明。

好消息：批量拓展抵押贷款产品重磅推出

湛江分行、清远分行、各支行（部）：

为进一步协助各支行（部）加快批量拓展抵押类小企业贷款，夯实批发业务基础客群，分行经过深入研究，现隆重推出保信易业务。与以往的传统抵押类授信相比，保信易业务具有以下产品优势：

1. 放款前提前约定，违约时公开转让，快速变现抵押物，有效缓释风险。

2. 流程优化，调查报告版本变繁为简。

3. 开通“绿色通道”，快批快放。

分行现将《保信易业务营销指引》下发给大家，请各支行（部）认真学习，重点批量开拓小企业抵押贷款业务，做好优质资产业务的客户储备和投放工作。

分行业务联系人：王 ×× 电话：××××

附件：《保信易业务营销指引》

小企业金融部

2014 年 9 月 1 日

保信易业务营销指引

一、业务简介

“保信易业务”是指借款人以自身或者第三方（以下统称“担保人”）有权处分的财产作为担保向分行申请贷款时，鉴于未来可能发生的违约风险，担保人、广东金融资产交易中心有限公司（以下简称“广金中心”）与分行共同约定，在贷款前期由分行与广金中心共同对担保资产的挂牌交易可行性进行评估，当未来发生违约情况时，三方分别作为委托方、受托方和交易代理人，将约定的担保资产通过广金中心进行公开转让，转让价款优先用于偿还贷款本息的业务。

二、业务要素

（一）目标客户

1. 授信申请人为非房地产企业、政府融资平台及其关联企业，以及非我行信贷政策限制和禁止进入的行业；原则上授信申请人须为分行属地企业。

2. 授信申请人及实际控制人无不良信用记录。

3. 授信申请人从事该行业 1 年以上，实际控制人从事该行业 2 年以上。

4. 自有或第三方房产物业抵押，抵押物满足以下条件：

（1）抵押物仅包括商品住宅、写字楼、商铺、车位；

（2）抵押物仅限于坐落地位于广州天河区、越秀区、荔湾区、海珠区、白云区、黄埔区、萝岗区、番禺区范围内的优质房产；增城区“碧桂园凤凰城”优质住宅。

商品住宅和商铺已建成年限不超过 20 年，写字楼建成年限不超过 15 年；商铺抵押需为 1、2 楼商铺抵押。

不接受以学校、医院、行政事业单位等公益性房地产、经济适用房及实际用途为夜总会、KTV、桑拿、洗浴等娱乐业的商业用房抵押。

（二）融资品种、期限及成本

1. 融资品种可包括流动资金贷款、网上自助贷款、银行承兑汇票、商业承兑汇票、国内信用证、国际贸易融资等品种。

2. 授信额度期限及贷款期限

（1）授信额度期限不超过 3 年；项下单笔融资原则上不超过 1 年。

（2）授信额度项下单笔融资若超过 1 年，必须根据授信申请人资金回笼情况，按月、季或半年分期偿还融资本金。

（3）对授信期限超过 1 年的贷款业务，要求进行年度复审，重点关注授信申请人经营变化情况、抵押物价值和变现能力的变化情况。

3. 贷款利率原则上不得低于基准利率上浮 20%，银行承兑汇票、国内信用证等涉及保证金业务的保证金比例原则上不得低于 10%。

（三）融资比例

最高抵押率按以下标准执行：

最高抵押率 = 授信额度 / 抵押物评估净值

住宅	80%
办公楼、商铺	70%
车位	60%

（四）抵押担保措施

1. 授信申请人为民营企业的，要求追加实际控制人及其配偶担保。

2. 用于抵押的房产、物业必须购买财产综合险。

3. 抵押物权属人同意签署《抵押财产未出租声明书》或《放弃租赁优先权承诺书》。

4. 申请人、担保人（第三方抵押物权属人）同意与我行、广东金融资产交易中心有限公司签署《委托代理服务框架协议》。

三、营销要点

（一）调查环节

授信申请人申请“保信易”额度时，需要重点关注其以下信息：

1. 申请人及实际控制人外部征信情况。人行信息查询、全国法院被执行信息查询。

2. 申请人经营情况。资产负债情况、收入的核实、现金流情况。

3. 抵押物情况。地理位置、抵押物评估价格是否合理，经查册有无被冻结、查封等。

（二）风险控制

授信调查采用标准化操作，双人实地调查：

1. 授信申请人所提供基本资料，属复印件的要由公司加盖公司公章，并由经办人员双人核实原件和签名确认。

2. 新客户须采用小企业首贷面谈制度和风险经理协同作业制度进行调查。

3. 除要求申请人提供抵押物评估报告外，经办人员需实地调查抵押物使用 / 承租情况，拍摄正面、内部和周围环境照片，调查分析抵押物现状、使用、市场价值和变现能力，作为申报贷款的必要资料。

4. 经办人员按照申请人基本情况、经营情况、现金流情况、信用状况、贷款用途、抵押物状况及价值、贷款风险、偿还能力等，按照小企业“保信易”授信调查报告模板完成《调查报告》，报支行、分行审批。

（三）绿色审批

分行对该类业务开通绿色审批通道，风险经理和审贷官优先处理；在资料齐全情况下，审贷官原则上3个工作日内完成审批工作。

注：具体操作细则分行随后下发。

案例三：2013年7月，北金所与CCTV-10科教频道就《发明梦工场》体验投资交易项目展开合作

北金所与CCTV-10科教频道
关于《发明梦工场》体验投资交易项目合作策划书

一、北金所与CCTV合作的意义

CCTV-10《我爱发明》栏目组近期拟推出“发明梦工场”节目并制定了初步的栏目运作方案。该节目的主要目的是为国内一些经过筛选的优质项目发明人提供展示自己发明的空间，并为这些发明能进行市场化推广提供更广阔的融资平台。《我爱发明》栏目组与北金所合作，由北金所邀请国内知名的风险投资人参与到节目当中，让投资人与发明人零距离接触，通过交流碰撞出创造经济价值的火花，使风险投资人把资本运作上的经验与发明人的技术专利完美结合，实现资本与技术的对接，形成市场推动力，完成产品的生产、推广。因此，此次合作对参与各方均有深远意义。

（一）对北金所的意义

此次合作对北金所来说意义重大。首先，它是北金所业务拓展与央视合作的首次试水，实现PE投资线下协商与电视频道娱乐宣传的有效结合，为PE投资另类形式的尝试打开通道；其次，通过CCTV的宣传，扩大了北金所作为融资平台的影响力，为以后投融资业务的开展树立良好的品牌效应；再次，有利于北金所与CCTV建立长期稳定的合作关系，为进一步拓展央视项目渠道奠定良好基础；最后，通过此次活动，拉近了北金所与投资人的关系，扩大了投资人群体，有利于拓展会员数量，增加业务收入。

（二）对CCTV的意义

以往，CCTV-10科教频道《我爱发明》栏目主要以介绍发明为主，并未形成对发明技术实现市场化的运作模式，对发明人来说很难形成市场规模化的技术推广。与北金所合作，借助北金所的国有公信力平台，在有效规避风险的同时，可以提高对接投资人群体的效率，使栏目组长期跟踪的发明项目借助社会资源转换为生产力成为可能，并为后期以基金形式整合项目资源的目标实现奠定基础，大大提升科学技术在实践中的应用效率，符合 CCTV 科教频道服务大众的宗旨，拉近了媒体与社会的距离，以媒体资源来对接社会资源，共同创造社会效益。

（三）对风险投资人的意义

通过该栏目，首先让风险投资人与项目方直接对话，优先对项目进行现场调研，并在创业导师及专家的建议下，深入了解和选择投资项目；其次为风险投资人创造与央视媒体合作的机会，拓展项目来源渠道，共同挖掘优质项目；再次，风险投资人和其所在企业可以借助央视媒体和节目宣传极大提升自身品牌影响力。

二、合作双方介绍及分工

（一）合作双方介绍

1. CCTV-10 科教频道《我爱发明》栏目组

CCTV-10 科教频道顺应国家“科教兴国”方略，以提高国民素质为宗旨，以教科文题材为内容的专业电视频道。自 2001

年7月开播以来，始终坚持“教育品格、科学品质、文化品位”。经过几年改进、提高、推广，频道树立“服务社会、服务大众”的理念，正在走向以“专业频道品牌化建设”为核心的发展之路，已经成为中央电视台一个特色鲜明的专业频道。

《我爱发明》栏目组打造的《我爱发明》作为中央电视台的品牌栏目，也是一档全新的科普节目，于2009年2月8日正式开播，是国内首个鼓励国人通过自己的发明创造创业的电视节目，2011年和2012年连续两年被评为央视节目中的“品牌栏目”。其主旨是鼓励全民以智慧立业，传达“发明改变命运，智慧创造财富”的理念。它贴近生活、贴近百姓，通过展示发明人的新发明、新创意，将科学知识趣味化、形象化，让观众热爱发明，享受创新的乐趣。该栏目的设置不仅开创了一种节目的新形态、填补了中国科普电视的一个空白，而且架起了一座科技成果转化的平台、一座发明人走向市场的桥梁。

2. 北金所

北金所是经北京市人民政府批准设立的专业化金融资产交易机构，于2010年5月30日正式揭牌运营。北金所是财政部指定的金融类国有资产交易平台以及中国银行间市场交易商协会的指定交易平台，业务范围涵盖金融企业国有资产交易、信贷资产交易、信托产品交易、债券产品交易、私募股权交易、黄金交易等，为各类金融资产提供从登记、交易到结算的全程式服务，服务金融资产流动，引领金融创新发展。

北金所于2012年率先设立“中国PE二级市场发展联盟”，致力于为私募股权投资基金提供“募、投、管、退”等各环节的全方位服务，目前联盟成员涵盖GP、LP、金融机构及中介机构等各领域，盟员成员达400余家，着力打造成为中国专业的创业投资企业的融资平台以及私募股权交易平台。

（二）合作双方分工

CCTV-10科教频道《我爱发明》栏目组与北金所各自发挥其在媒体宣传与金融投资领域的专业优势，强强联合，分工协同，致力于节目的顺利录制与成功播出，在本次《发明梦工厂》节目合作上分工如下：

1.《我爱发明》栏目组的权利义务

（1）负责节目的整体策划、方案的确定与实施；

（2）负责提供主持人、技术人员、采编、场景、道具及相关材料；

（3）负责提供节目所需的项目来源、对发明人予以筛选；

（4）负责所有节目的拍摄、制作、电视台播出和市场推广、发行、销售和商业项目的开发；

（5）根据节目策划运营的需要，应由栏目组承担的、与媒体宣传相关的工作。

2. 北金所的权利义务

（1）协助栏目组开展节目的整体策划、方案的确定与实施，并提出合理化建议或意见；

（2）负责创业导师提名，并与栏目组协商确定；

（3）全面负责征集并筛选到一定数量且符合节目要求的投资人，了解其利益诉求，组织其积极参与节目的录制；

（4）负责将节目规则深入贯彻至每一位投资人，并督促其遵守；

（5）有权收取投资者支付的体验投资交易服务费；

（6）根据节目策划运营的需要，应由北金所承担的、与金融投资相关的工作。

双方在分工过程中由此产生的费用、取得的收益由双方另行协商确定。

三、《发明梦工场》节目安排及方案

（一）节目播出时间

节目的首播时间定于2013年7月26日星期五，每周五播出一期，共13期节目。节目为季播节目，最后一期播出时间为10月18日。

（二）节目方案概述

1. 节目赛制

整个节目分为4个阶段，13场比赛，说明如下：

活动分为初赛→复赛→决赛→总决赛，4个阶段。其中初赛6场+复赛4场+决赛2场+总决赛1场，总计13场。

淘汰过程为：48强→16强→8强→4强→总冠军。即：初赛（48晋16）+复赛（16晋8）+决赛（8晋4）+总决赛（4晋1）。

2. 节目数量

1场1期节目，13场比赛就是13期节目。每期节目55分钟。

3. 形式设置

节目形式为内景演播室结合外景短片的形式。

（1）内景演播室

内景演播室部分设置创业导师、风险投资人、主持人、发明人、观众5种角色。

创业导师：每场都有4位创业导师参加。他们将参加全部节目；

主持人：采用双主持人，一男一女。全程参与所有13期节目；

发明人：每场都有若干发明人上场。

（2）外景短片

外景部分为实地跟拍发明人的每个任务完成过程并记录结果。

4. 节目思路

节目的基本思路是“导师选拔＋逐层淘汰制＋商业梦想的实现”。

导师选拔是指节目初赛中的4位创业导师要从48个项目中选出自己愿意扶持投资的4个项目，总计16个项目。这4位创业导师不仅要出钱同时也要出力推动发明人实现其商业目标。

这16位发明人在经过随后的三轮（复赛、决赛、总决赛）

后，只有1位能成为年度的总冠军。

随着赛事推进，发明人将一步步实现其商业梦想：导师投资，获得10%项目股权（初赛）→风险投资人追加投资，获得第二个10%项目股权（复赛）→企业与发明项目对接，赢得商业合作（决赛）→更多风险投资人追加投资，获得第三个10%项目股权（总决赛）。

四、北金所提供的服务及项目收益分析

（一）北金所提供的服务

北金所依托自身强大的资源、品牌的优势及专业能力为《发明梦工场》引入投资机构资源，为节目录制全程提供专业支持，并协助投资人有效对接优质项目，达到媒体宣传与金融投资的双赢效果。

（二）项目收益分析

1. 北金所为投资人提供登上《发明梦工场》节目舞台的机会，并收体验投资交易费，通过问卷调查（详见附件3）形式征询意见，初步预估收费标准如下：

普通投资商：××　VIP投资商：××　创业导师：××

2. 拟征集投资商数量及投资商参与节目内容

拟征集投资机构 50 家，其中，普通投资商 41 家，VIP 投资商 9 家及 4 位创业导师。

普通投资商的权利：拥有参与初赛、复赛、决赛及总决赛的资格，在 6 场初赛中，每场拥有 1 分钟的提问及发言资格（6 场共 48 分钟，96 人次的发言提问），及决赛或总决赛的投票资格，在总决赛公开露面并在 CCTV-10《发明梦工场》节目制作推广的网站上进行企业介绍与宣传。

VIP 投资商的权利：拥有全部普通赞助商的资格，在复赛、决赛、总决赛有提问发言的资格，并且在《发明梦工场》节目制作推广的网站上开辟专栏。

创业导师的权利：全程参与节目，有选取项目和选取发明人的权利，对项目和发明人进行点评、指导、提供建议等，录制与发明人沟通的小片、享有在《发明梦工场》节目制作推广网站上的详细介绍及点评互动的权利等。

3. 收益预估情况

按照征集投资机构 50 家计算，其中，普通投资商 41 家；VIP 投资商 9 家。另外，4 位创业导师全程参与节目录制。

4. 北金所与栏目组的收益分成事宜

本次《发明梦工场》节目录制及推广的成本约为 1000 万元，由 CCTV-10 科教频道自行承担。北金所……

五、投资机构的诉求分析及投资机构筛选标准

（一）投资机构的诉求分析

投资机构参与《发明梦工场》节目的诉求说明如下：

1. 宣传和推广效应。CCTV-10 科教频道作为国家级的科普频道，本身具有不可比拟的优势和号召力。其中《我爱发明》栏目鼓励全民以智慧立业，拥有广泛的收视人群。该栏目组制作的《发明梦工场》节目将为参与的投资机构提供一个电视宣传和品牌推广的高端权威平台。通过节目密集的出镜及积极的参与，投资机构将得到相应的宣传，机构本身的品牌等将得到推广和提升。

2. 项目对接。该栏目组筛选的项目覆盖多个行业及领域，通过参与该节目，投资机构将优先了解并接触到优质项目的第一手信息并适时实现对项目的投资。

（二）投资机构的筛选标准

北金所将在中国 PE 二级市场发展联盟但不限于联盟内筛选

优质的投资机构，并在符合条件的投资机构中择优推荐，具体筛选标准如下：

1. 依法注册登记 3 年以上；

2. 管理 3 只基金以上，每只基金规模在 1 亿元以上；

3. 有 3 个以上成功案例；

4. 在天使投资、VC 及 PE 领域具有一定影响力。

……

这次活动在旨为发明人实现梦想架起一座美丽的桥梁！为投资者找到了更好、更多的投资项目，把交易所的交易模式在电视媒体上的生动体验，是表演与实战、电视与金融、交易与投资、发明与产业的完美结合。

以上三个案例告诉我们，交易所秉承自己的使命，在促发展、提效率、谋利润、降成本、控风险等方面贡献很大；为社会、为人民、为行业、为企业、为家庭、为个人也同样做出了很大贡献。尤其在经济制度中以市场配置资源起决定性（基础性）作用的国家，交易所的贡献是不可估量的。

第四章　资本靠让渡来壮大

第一节　商业银行是让渡定律最成功的应用案例之一

商业银行就是一家交易所，它让渡的是信贷资产收益权。

“贷款”作为金融产品，它的创新过程是一部“贷款收息创新”的历史。贷款收息的创新过程是增加我们对于让渡定律认识的一个极好案例。

货币的历史已有五千多年，而放贷收息是近两千年的事。美第奇家族首先在佛罗伦萨建立了商业银行。柯西莫（美第奇二代）曾表示银行业是最赚钱的行当。最早突破教义放贷收息的是犹太人，放给犹太人的贷款不收息，而放给其他民族就要收利息了。放贷收息是违背基督教义的，325 年罗马天主教会禁止所有神职人员放贷收息，随后又扩大至所有人员。他们认为，钱是劳动的成果，是汗水的结晶，钱生钱是违背自然规律的，是不道德的。1179 年，罗马教会宣布放贷收息的基督教教徒都将被开除；1182 年，法国以放贷收息为罪把犹太人驱逐出境；1275 年，英格兰宣布放贷收息是犯罪行为。1157 年，意大利威尼斯建立了全球第一家现代银行，成就了威尼斯的繁荣。经历了欧洲“文艺复兴”运动以后，1543 年西班牙国王查尔斯五世宣布放贷收息是合法的；1545 年宗教改革运动与新教领袖之一的约翰·加尔文宣布把钱借给别人从事生产性活动，可以收取利息。

银行开展借贷业务加速了货币资本化（货币史上一次重要飞跃）。

两千年前的贷款收息创新，至今仍然哺育着一代又一代的银行人。但是今天，仍很难说我国全面接受了货币交易。通过下面的文章可见我国的商业银行让渡信贷资金的过程。

探讨市场配置贷款的新授信流程

摘要：商业银行长期沿用的"客户与银行点对点"授信流程有着天然的缺陷，这种"客户+贷款"的模式蕴涵着不良贷款产生的内因。本文通过研究银行授信流程与产权交易的模式，建立了"客户+交易+贷款"三位一体市场配置贷款的新授信流程，充分体现了客户、银行和产权交易所三方参与的过程中，贷款配置的市场化作用，也对开拓创新银行信贷业务良性发展有着重要意义。

关键词：贷款交易　　授信风险　　"客户+交易+贷款"三位一体

一、活化石般的商业银行授信流程该再造了

（一）活化石般的老流程既不市场化也无科学性

长期以来，我国金融市场以间接融资为主的融资结构导致了信用风险在商业银行的过度集中。而商业银行现有的"客户+贷款"的点对点授信流程，有的还是进口的，看似是布朗运

动，好像市场化了，其实与最原始的金融交易方式——私人间的直接借贷没有本质区别。该流程天生不具备对项目的商业风险与道德风险的免疫力，早就为不良贷款的产生埋下了伏笔。

贷款决策模型有三种：白色模型、灰色模型和黑色模型。在当前货币政策宽松、银行信贷资金猛增的大背景下，商业银行却只能不断地把信贷资金纷纷注入央企和大的国有企业；长期呼吁的缓解中小企业融资难的问题完全没得到解决。这其中很重要的一个原因是中小企业的信用状况没有标准化和公开化。当银行难以正确判断项目的真实情况时，就会拒绝借款人的请求，银行信贷几乎没有能力进行灰色模型和黑色模型决策。商业银行和借款人之间一对一地重复博弈的结果除了增加成本，就是增添怀疑，导致“惜贷”和“慎贷”现象。这充分反映了老流程的不科学。

（二）产权市场的兴起昭示着授信新流程的诞生

产权交易所的兴起为银行优化信贷资源配置提供了很好的平台，其“客户＋交易”的业务流程通过交易所极具有公信力的阳光交易，使客户与贷款人的资源配置尽可能达到了最优化，体现出公平、公开、公正的效果。

我国的律师事务所、会计师事务所、评估师事务所等中介机构，都已经严格按照市场化要求成立为独立的法人机构。这为市场里的各类咨询服务提供了中立的获得渠道。

为探索银行授信新流程，提高授信效率，科学配置贷款资源，有效控制不良贷款的产生，充分考虑银行的客户资源优势、服务网络优势、资金实力优势、品牌优势与产权交易所在权益交易、并购服务、公信力优势、信息发布优势结合，我们提出了关于建立“客户 + 交易 + 贷款”三位一体市场配置贷款的新流程。

二、商业银行沿用的“客户 + 贷款”老授信流程的缺陷

我们分析商业银行授信业务流程（如图 4-1）可以发现，商业银行产生不良贷款与授信流程本身的功能缺陷密切相关：

（一）授信流程烦冗，交易成本高风险漏洞多

通过商业银行信贷流程（如图 4-1）可以看到，一项信贷业务就是一家银行与客户之间单独在进行十分烦冗的“点对点”的交易：在对客户申请层层审批处理过程中，会出现反复的提交、上报、退回等操作。在同一个审批过程中，根据客户的不

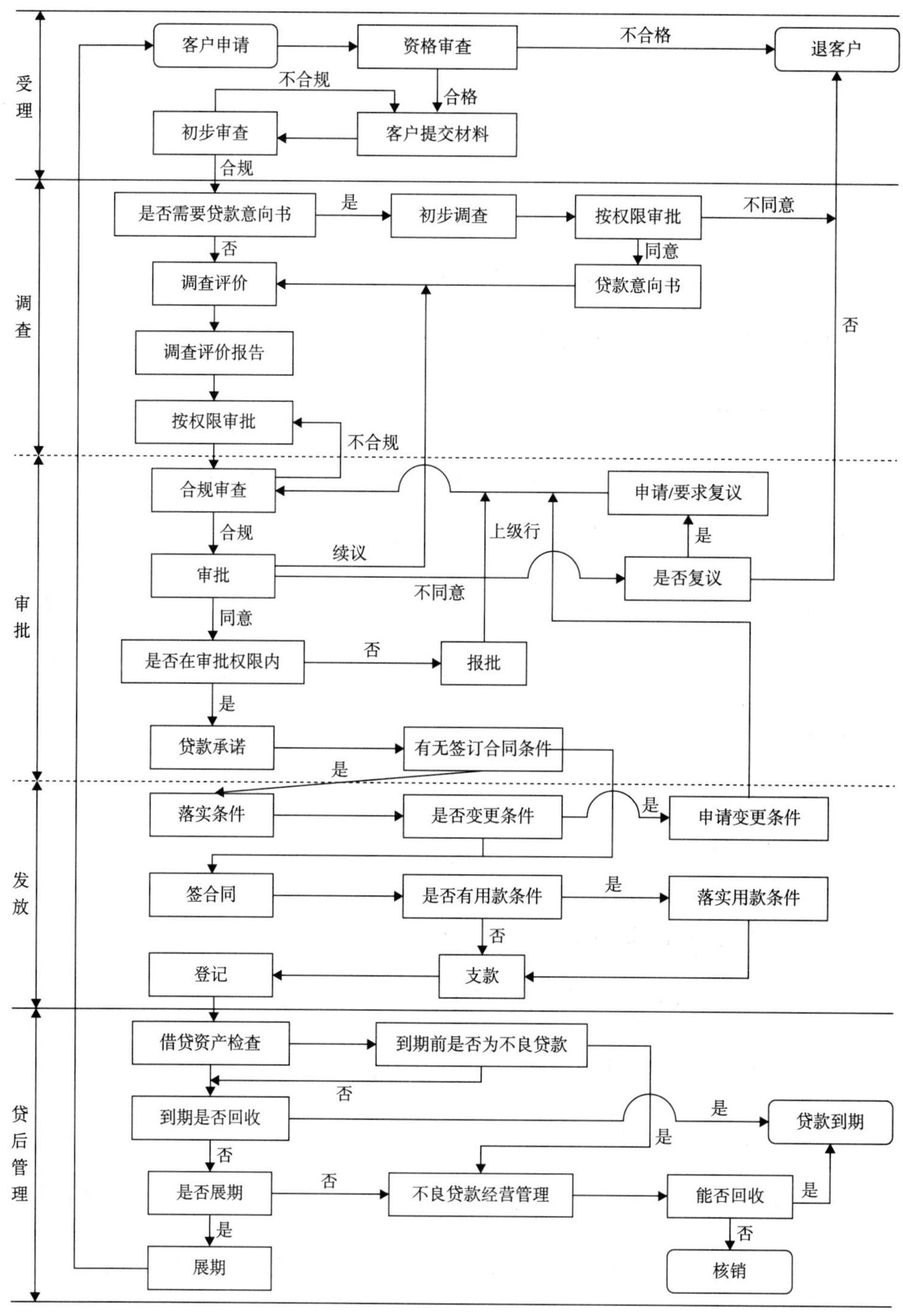

图 4-1 银行授信基本流程

同级别，可能需要提交到上级授信部门，也可能提交到上级的风险管理部门。这种单挑式的博弈无疑会增加银行与客户之间的交易成本；同时，在相互之间沟通中，客户的人情交往动机不断得到实现，客户在这样漫长的流程中有充足的时间来与银行的任何一个相关岗位的人员沟通汇报，最终"搞定"目标。这无疑成了增加银行控制信贷风险难度的内在因素。

其实，我们的企业有大量的融资需求得不到满足，而我们的银行也有大量的闲置资金贷不出去。企业得不到好的发展，资金得不到充分利用，社会资源就无法实现最优配置。这是由于信息不对称引起的。

（二）授信审查重形式轻内容

在实际信贷业务中，商业银行一定把是否遵守《贷款通则》中的贷款程序，按照本行的授信业务流程操作作为考量贷款人员是否承担授信风险责任的标准；事实上也只能这样。信贷管理人员和从业人员认为，每一笔贷款在放贷过程中只要按照规定履行了必要的程序，即使该笔贷款届时未能收回，自己也不会承担违规责任。这种重形式、轻内容的操作思维，使得许多贷款风险在授信流程中都没有被过滤掉。

（三）审贷分离制度貌合神离

根据《中华人民共和国商业银行法》，商业银行在贷款上实行审贷分离制度。从表层看，每笔贷款的发放都是由不同的职能部门和人员按照各自的职责共同完成，但在贷款管理上，依据《贷款通则》实行的是行长负责制。因此，各层级的商业银行在贷与不贷、贷多贷少、利率高低、期限长短等问题上，行长个人主观臆断对信贷发放影响很大。为提高贷款的决策科学性，《贷款通则》已经规定了“审贷委员会制”，行长不是审贷委员会成员，但有一票否决权利。“审贷委员会制”与“贷款管理行长负责制”是存在着深层次冲突的。行长拥有人事权，其态度决定着员工个人在行里的发展状况，所以审贷会的最终表决结果往往都会服从行长的意志和态度。这使得审贷委员会制在某种程度上达不到预期的效果。

（四）终身责任制度成了“抓替罪羊”制度

我国有不少商业银行的授信流程都是花重金请国际一流的咨询机构设计的，而银行的同质性使得所有的流程都没有本质区别而最终是大同小异。但是有一条是惊人的一样：客户经理和支行长贷款风险责任终身制。什么意思呢？就是贷款出了风险，该笔贷款的客户经理和支行长要一辈子为之负责直至收回；而上级行和审批人却没有责任。这样一种权责分离的流程要素，让整个流程变得苍白；那么谁为风险埋单，实质还是国家，名义是客户经理——替罪羊。重金买回来的过滤风险的流程变成了漂白风险的过程。

（五）信用风险分析的结论贷前无法得到市场检验

值得关注的是，商业银行对借款企业的信用风险分析主要是机械地运用财务比率，而结合实际的产业背景分析和企业经营管理过程中的效率分析是一种非常软的分析方式，存在弄虚作假操作空间，这样，自然就不能对贷款风险进行有效的度量。特别头疼的是事先无法得到市场的验证。这样对借款人的经营状况和信用状况就很难做出基于市场真实价值的准确判断。

（六）现存流程改良依然缺乏市场前瞻性

近些年来，我国银行一直在努力探索控制不良贷款的新思路。但受多方面因素阻挠，单纯的“客户＋贷款”流程的运作效率一直得不到质的提升。近几年提出的“审贷分离制度”“贷款责任终身制”（如前所述）也只局限在现有流程的修补，未能触动其问题根本——信贷资源配置的非市场化。

银行不良贷款的出现也暴露出现有流程的缺陷。产权市场作为权益交易市场，实际上已经成为国有产权公开交易、中小企业投融资、PE 流动的重要平台。

三、交易所“客户 + 交易”流程的市场功能显现

中国产权交易所的出现早于上证和深证两市，我国资本市场在 20 世纪 80 年代后半期以国有资产改制为契机，在全国各地出现了不同层级、不同类型的产权交易机构。到 90 年代初，大有在大江南北花开遍地之势，数量最多时达到 320 多家。不仅一个省有若干家，有的甚至一个区、一个县都有一家。发展至今，中国产权交易所逐渐形成以京、沪、津、渝四家为主，各省产权交易中心为辅的发展格局。

（一）产权交易逐渐呈现出的特点

首先，产权交易是市场经济发展的内在要求。通过产权交易所，企业可以将自身的闲置（或不利）项目或业务剥离出去，或将市场中的有利要素吸收进来，从而改善交易参与者的福利，增强它们的竞争优势；其次，通过产权交易，各经济主体之间按照市场的要求进行改组和合并，可以形成新的竞争优势，增

强在市场竞争中的应变能力和抗风险能力。产权市场如同股权市场一样，也是一个将各类资源进行货币化与资本化的场所，而它所涵盖的资源对象，范围要比其他类型的平台更广。正因为如此，产权交易和市场经济是相伴而生，相互促进的。

另外，产权交易所是优化资源配置的有力杠杆出现的场所。产权交易所最为重要的职能，在于引导存量资产的合理整合重组。它通过市场自发地调节社会资源在各个部门、各个地区间的分配，使资产从长线部门流向急需它的短线部门，从使其处于闲置状态的地区流向能够使其发挥效益的地区，由此，使凝滞的资产得以盘活，使失衡的产业结构得以优化。这比采用传统的计划调控手段要好得多。

（二）产权市场的融资优势

产权市场是企业投融资发展的良好平台，产权市场已经由传统的中介平台，向专业化权益化的资本市场转变。我们结合产权交易所基本业务流程图（图 4-2）能够发现，产权市场的融资优势：

①产权市场已经为各类企业融资开辟了通道。据不久前发布的《中国产权市场年鉴》，我国产权市场的成交宗数和成交

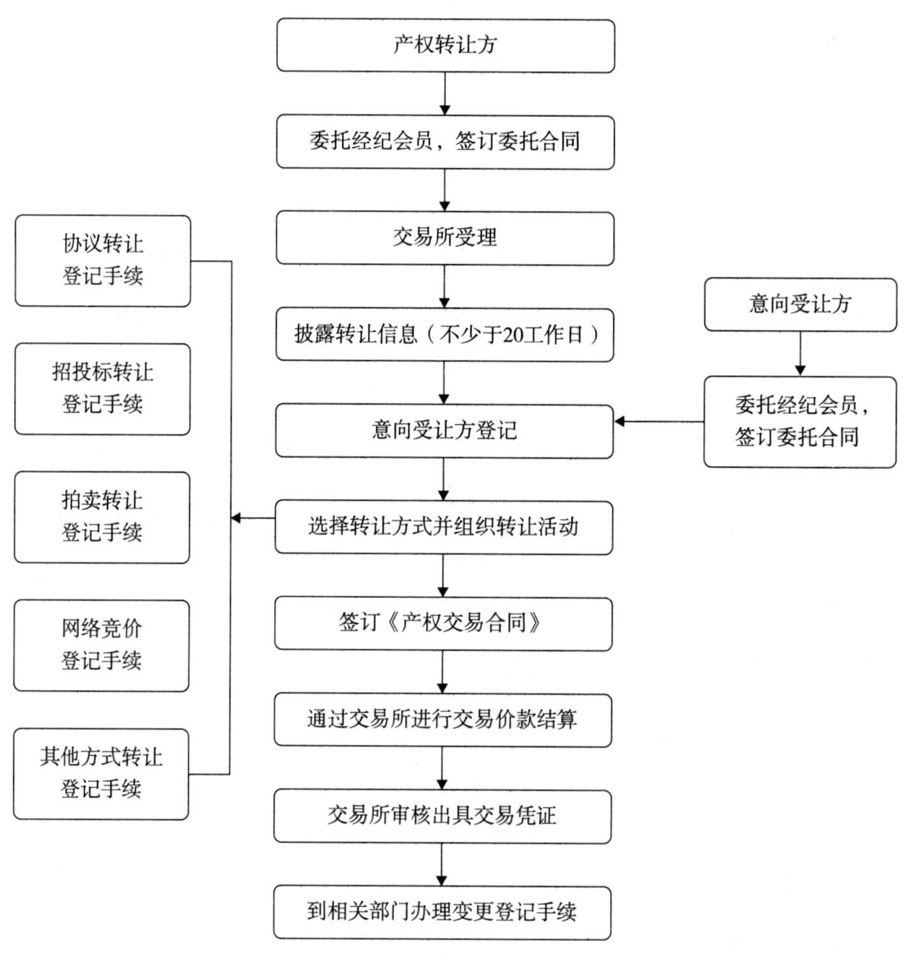

图 4-2　产权交易所基本业务流程

金额持续增加。2000 年至 2007 年，我国产权市场交易量增长了 14 倍，其中 2002 年至 2007 年平均每年以 70% 的速度增长，2007 年产权市场交易规模达到 3512 亿元。这一数字已接近当年 A 股 IPO 的总融资规模，可见产权交易市场是一块增长迅速、成交量大，蕴含丰富机会的市场。

②产权市场拥有各类交易的配套合作对象。2006 年全国各交易所在市场上活跃的机构有将近 1800 家，其中一半以上是民营机构，这部分中介机构的云集为产权市场融资功能的发挥奠定了坚实的基础。

③会计师事务所、律师事务所和资产评估事务所也很活跃，而且有一个相对规范的交易制度，国务院国资委在这几年已经形成了一套相对完善的规则体系，这一套规则体系对保护各类投资者的合法利益起到了很好的保障作用。

④产权市场融资成本低。产权市场上公开、公正的交易流程实现了客户与投资方（贷款人）的多方对接，市场化程度很高，实现了资源的科学配置。

四、"客户 + 交易 + 贷款"三位一体的市场配置信贷新流程的构造

在新授信流程中，银行、客户和产权交易所以交易平台为纽带，市场中的各类资源——投资人资源、项目资源和中介机构逐渐在这个平台周围聚拢，最后形成了一个"资源金矿"。而三者又彼此制约、相辅相成，直至形成一个有机的整体（图 4-3）。

首先，银行通过产权交易所的业务平台，凭借其客户资源优势、服务网络优势、资金实力优势、品牌优势与产权交易所开展深度合作。

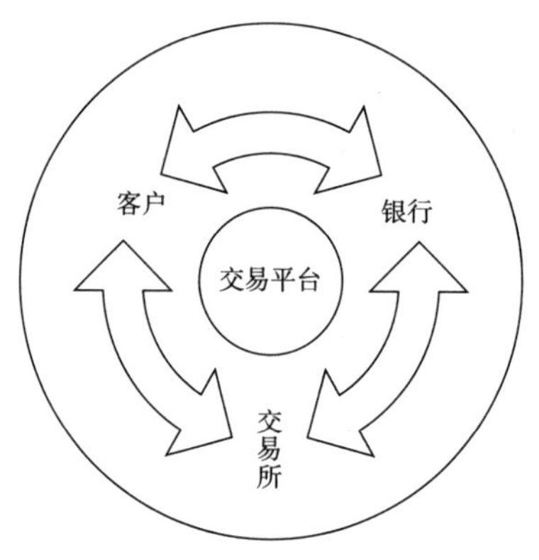

图 4-3 "客户 + 交易 + 贷款"基本框架

其次，产权交易所的参与可以在贷前为银行方寻找和鉴定项目起到桥梁作用；贷中作为第三方提供资金和股权过户平台，并为银行监测放款后企业的运行情况，适时做出风险提示发挥防火墙作用；贷后一

旦出现问题，产权交易机构可以启动资产处置程序，利用丰富的投资人资源为信贷资产回收找到一条阳光通道。

再次，客户在交易平台上得到了更多的投资人信息，丰富了其融资渠道。通过社会公示的项目也使客户的信誉得到了提升。

下图为“客户＋交易＋贷款”三位一体流程示意图（图4-4）。整个流程分为五个部分。

第一部分：项目进场。

有信贷需求的客户进入交易平台有三种渠道——客户自荐、银行推荐和交易所推荐。其中客户自主申请需要通过产权交易所相关部门的合规审核。对于审核通过的项目，将与银行和产权交易所推荐通过的项目一起进入产权平台特有的项目数据库。

第二部分：项目审查（批）。

在交易所挂牌的项目将接受来自律师事务所、会计师事务所、评估师事务所等中介机构的项目审核，以达到符合信贷的各项要求。意向经办行将根据来自交易所的资料，对挂牌项目进行授信资格审查，审查通过的项目将进一步接受审批行的项目审批，形成标书。意向经办行只对经本行审批通过了的项目

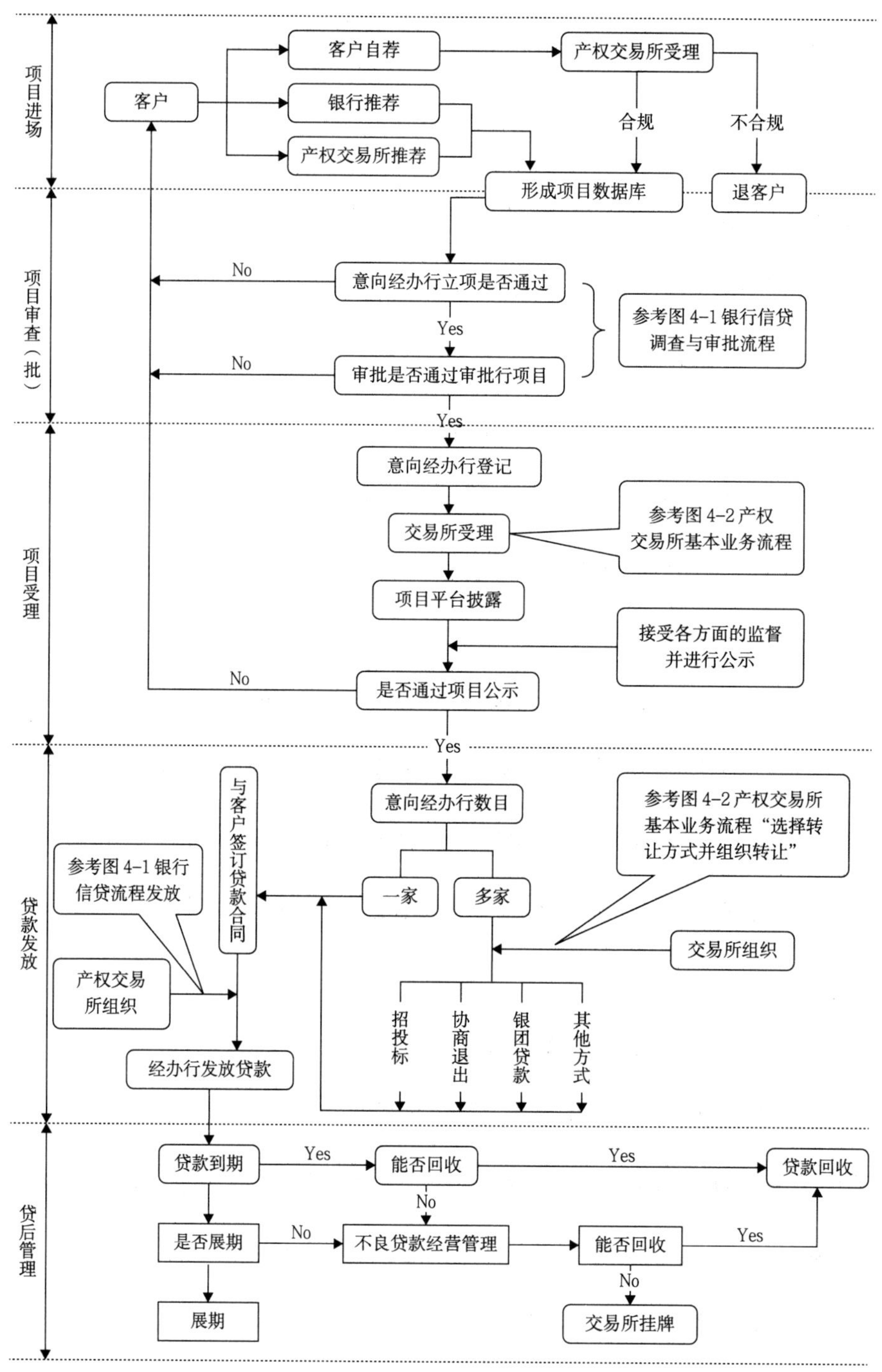

图 4-4 “客户 + 交易 + 贷款”三位一体流程示意图

继续交易。对于没有被经办行受理或者经办行与审批行不通过的项目，事实上已经失去下一步该意向经办行项目受理的资格，但不影响另外意向经办行的继续动作，不剥夺项目重新进场的资格。

第三部分：项目受理。

信贷项目通过审批行审批后，产权交易所将对意向方的受理登记。在项目交易平台上进行项目信息披露，信贷项目将接受来自银行、交易所、其他信贷竞争客户与社会公众的监督。信息公示期间收到的任何异议，都会成为影响银行授信决策的因素。

第四部分：贷款发放。

信息发布期结束后，只产生一家意向方符合意向经办行条件的，项目将进行协议转让，产权交易所组织银行与客户双方签订贷款合同，并出具交易凭证。

如果产生两家及以上符合意向经办行条件的，意向经办行将在交易所的组织下，按照法律法规，采取招投标等方式产生意向方。最终经办行仍然有两家及以上可组银团贷款，多家银行与客户签订贷款合同，完成交易。

第五部分：贷后管理。

客户贷款合同到期前，可以根据自身情况选择是否贷款展期，如果展期到期后，银行仍收不回贷款，银行将进入不良资产管理程序。仍不能回收变现的项目将进入交易所挂牌。

五、“客户＋交易＋贷款”三位一体流程的现实意义

（一）增加信贷项目的透明度

银行的不良贷款的产生很大程度上来源于借贷双方的信息不对称。作为银行信贷的授信主体——客户对自己的经营状况及其信贷资金的配置风险等真实情况更了解，处于信息优势地位；而作为授信主体的贷款方——银行则对客户的相关财务信息和风险了解不够，处于信息劣势地位。这种信息的不对称很容易引发企业信贷前的逆向选择和信贷后的道德风险行为，从而引发银行的不良贷款出现，影响金融体系的安全。现存信贷流程下，律师事务所、会计师事务所出具的法律文书及审计意见更大程度上受到来自银行贷款意愿的制约。一旦银行对项目产生较大的兴趣，上述中介机构往往会采取项目过分包装的手段，以求满足银行的放款条件，这无疑加大了银行信贷风险。

新流程凭借产权交易所的挂牌制度，任何意向投资者、中介机构、银行信贷审核部门，甚至于项目竞争对手，均可以对信贷项目进行审核。实现了企业的信息的公开化，银行能够在公平、公开的情况下对企业的信用状况进行评估，这对提升交易所融资功能也起着了非常大的作用。

（二）降低授信成本

现存银行授信流程为“点对点流程”。这样每一个项目如果都由银行自己去审查和评级，竞争的成本会越来越大，而且银行也无力对每一个项目进行监管，要依赖市场对企业项目的信息的披露。在新流程中项目信息可在多家产权交易所联合同步发布。产权市场的核心作用就是把信息平等地公示给所有潜在的项目相关人。只有最大广度、最高强度的信息发布，才能让银行最大化地了解整个市场情况以及信贷项目的市场真实地位。对于企业也同样，信息公示使它能够在统一的交易平台上同时对价多家银行，轻松找到合适的贷款人，免去了很多东碰西撞的冤枉成本。

（三）提高授信效率

新流程的科学性还反映在银行授信效率的提高。首先，新流程是阳光通道，宗旨是公开、公正、公平。银行与客户之间不用“躲猫猫”，信息渠道畅通，速度自然快捷；其次，新流程是竞争性授信，一环扣一环，每一个环节中都有多家银行和客户参与，工作进程不是由某一家单独能够控制的，跟不上速度的就只能自然淘汰，各行只有加快速度提高效率方可；再次，新流程从文字上看变长了，但是实际上减去了老流程的反复重复的过程，节约了时间；最后，新流程注重科学决策，多由专家和有经验人员操作，不仅质量高而且效率快。

（四）提升信贷市场的诚信度

一家刚刚实现商业化转型的银行近期在自查过去几个月的贷款项目时发现，问题主要集中在地方政府投融资平台上。有些地方政府平台在做项目融资时，自称有30%的资本金，资金证明也是真的，结果很多项目的自有资金只占到10%，其余全部是银行贷款。这对银行而言风险太大，杠杆率太高。由于地方投融资平台的征信系统不到位，审贷时，银行很难发现一个项目多处融资的情况。银行与客户之间从来都是在“躲猫猫”，整个信贷市场的诚信度不尽人意。

新的流程让你无处藏躲，不管是银行、客户或者其他相关人；只有诚信才能走过这样一条阳光通道。不言而喻，新流程将大大提升信贷市场的诚信度。

（五）避免企业对银行客户经理的寻租行为

信贷资金作为一种“稀缺资源”，一定程度上滋长了极少数客户经理的权力寻租行为，产生了靠“拉人情、跑关系”获取贷款的客户，致使信贷市场出现了很多不符合市场条件的信贷客户与业务能力不达标的客户经理。尽管现有银行贷款流程实行了审贷分离的制度，但是整个流程仍无法避免造假现象。通过产权交易所的公示制度，新流程有效降低了银行与客户的私下接触频率，加大了对客户的相关财务信息和风险的披露，增加了借贷双方的信息透明度；防止授信人弄虚作假，降低交易成本；有利于建立信用的记录、监督和约束机制，控制银行的信贷风险。

（六）新流程大力开拓客户贷款多渠道

产权市场的优势就是它的“两个发现”功能，在这里表现为：通过大规模、高强度的信息公开披露来最大限度地发现贷款人；通过完全公开的市场竞争来最大限度地发现价格，为信贷双方实现资源的最优配置。因此，产权交易所在多家银行合作的前提下，能够实现多方对接、为企业和银行找到最合适的合作方。新流程将致力于通过加强银行与交易所之间资源的沟通与整合，并联合优秀的外部合作伙伴为客户提供一站式、一揽子的综合金融服务方案。同时，新流程为客户提供了同时低成本地对接多家银行的支持。

（七）促使银行的信贷产品更加市场化

利用产权市场这个“公开”“竞争”的平台，一方面，能增强透明度，提高信贷业务的流转效率，另一方面，也能实现整合资源、提升资产价值的目的。新流程极大地吸引了贷款人的眼光，有利于实现贷款的成交和增值；而通过多方合作，也有利于产权交易所吸引更多专业化贷款人，做大做强信贷资产交易，实现双方的互利和共赢。

信贷交易难，信贷让渡则容易一些。因为信贷作为一种总权利，其中的部分权利的转移是完全不可能的，即易主是不可能的，这样就造成了信贷交易的不可能性。而只转让部分能够转让的权利，是可以的。

如果说，信贷资产的产生是通过第一次让渡实现的，信贷资产的第二次交易，则需要引入新的让渡工具，来丰富信贷工具，发展我们的银行。如信贷资产证券化、银团分销等。贷款是间接融资工具，贷款的可持续增加靠让渡来实现。这样，商业银行的持续发展也就依仗让渡工具的给力程度了。

第二节　证券交易所让渡股权的过程

交易所是不同于商业银行的。商业银行参与让渡的过程中，是作为让渡的某一方，而交易所则是处在让渡中的一个环节，是一个让渡的平台。我们以费城股票交易所为例来了解一下证券交易所的工作原理。它成立于1790年，作为美国第一家股票交易所，在美国金融发展史上具有极其重要的地位，它的发展历程见证了美国股票交易所演变的历史。

一、费城股票交易所的发展历程

产生：费城股票交易所的诞生要追溯到1754年，当时有200多名费城商人投资348英镑建立了一家"伦敦咖啡屋"，不久后这里便成了费城的商业中心。后来，费城被英国占据期间，另一家"城市酒馆"取代"伦敦咖啡屋"成为费城的社会和商业中心，随后更名为"商人咖啡屋"，这就是费城股票交易所的雏形。1790年，证券经纪人从汇集的其他商人中独立出来成立了"费城经纪商协会"，同年费城股票交易所正式成立。

发展：交易所成立最初的日子里，交易的不是公司股票，而是政府发行或政府参与发行的有价证券。1791 年，美国第一银行在费城交易所公开发行股票，随后宾夕法尼亚银行、费城银行等也都纷纷发行股票。

1792 年 4 月 9 日，美国立法机关通过了一项法案，允许政府成立公司建造从费城到兰开斯特的一段公路，费城股票交易所便发行了美国第一支收费公路的股票，上市后大涨并为政府公共事业的融资提供了新思路。

1812 年战争后，费城股票交易所仍然是美国国内主要的资本市场。纽约交易所的章程还是 1817 年派人来到费城学习借鉴，然后起草的，基本就是费城交易所章程的翻版。

转折：1817 年建造的伊利运河，通过哈得逊河将五大湖与纽约市相连，于是美国西部丰富的物产可以通过五大湖和伊利运河直接运送到纽约，最终使纽约取代了费城成为国家商业中心。这也成为费城交易所发展史上的转折点。19 世纪 20 年代所有全国性的股票交易所都开始蓬勃发展起来，这很大程度上得益于运河的建造。1790—1834 年，费城股票交易所都是在“商人咖啡屋”里运行，直到 1834 年交易所大楼正式建成并投入使用，费城股票交易所终于有了自己的总部。

1837 年，美国发生金融恐慌和经济危机。到 19 世纪 40 年代，经济才有了一定程度的改善，然而费城再也没有美国金融业的显赫地位。不过，技术创新还在不断推进费城股票交易所的发展，如 1928 年，铁路股票在费城交易所炙手可热，引发 1837 年经济大萧条后新一轮的投资和投机热潮。

1914 年欧洲战争前期，由于市场混乱，交易所被迫关闭 4 个月。1933 年经济大萧条时期，在金融危机的压力下，罗斯福总统宣布银行休假，交易所又关闭了 10 天。除了这两次关闭，费城股票交易所的运作一直没有中断过。

1923 年交易所尝试性地引入了“交易商”，允许 Herbert T. Greenwood 成为宾夕法尼亚铁路股票的一个做市商，买卖零股，并以纽约证券交易所上的买卖价格为基础为该股票做市。这种零股的交易商——专家制度随即也在其他区域性交易所中推广开来。

扩张：二战后，费城股票交易所开始向州外扩展，1949 年与巴尔的摩股票交易所合并，1953 年与华盛顿股票交易所合并，通过联合会员协议，将交易扩展到匹兹堡、波士顿以及蒙特利尔。

20 世纪六七十年代，计算机的发展改变了传统的证券行业。费城股票交易所是第一批赶上电子交易潮流的。1975 年，其引入了 PACE（费城自动交易和执行系统）以迅速执行小型指令。费城交易所不断进行产品创新，1975 年股票期权挂牌上市，费城交易所成为第一家交易股票期权的地方性交易所。1988 年 4 月，交易所利用电子新系统 AUTOM（自动期权市场）交易货币期权。该系统可以对会员公司发送到交易大厅的期权指令进行电子交割、自动执行并进行电子确认。

2005 年 6 月，美林证券和 Citadel 投资集团的衍生产品部门分别收购了费城股票交易所 10% 的股权。

二、费城股票交易所的特点

1. 持续的创新能力

费城股票交易所最大的特点在于持续创新，是市场的领先者和创新者。它已经创造了历史上的太多的“第一”。可以说，正是费城交易所的不断创新，推动了美国交易所历史的持续前进。

2. 优越的地理位置

费城之所以能产生第一家股票交易所，率先建立了许多金融机构的原因就是费城处于密西西比河流域，具有优越的水运和进出口优势。费城在 1680 年建立不久就拥有了比纽约更多的人口，并成为富庶的宾夕法尼亚州唯一的港口。

3. 多层次的上市标准

交易所内部有两个层次的上市标准，满足不同条件的公司进行融资。

4. 丰富的衍生产品

费城交易所交易的衍生产品以指数期权和股票期权为主，其中“金 / 银行业”指数期权是交易最为活跃的一种，包含了金银矿业部门的基础价格标准。费城交易所拥有的多项指数都已经成为最主要的行业指标，产生了广泛的影响。早期交易大厅的 PACE 系统是美国交易所中最早的自动股票交易系统之一。

三、费城股票交易所的功能

1. 提供证券交易场所。使证券买卖双方有集中的交易场所，可以随时把所持有的证券转移变现，保证证券流通的持续不断。

2. 形成与公告价格。由于证券的买卖是集中、公开进行的，其价格在理论水平上是近似公平与合理的。这种价格会及时向社会公告，并被作为各种相关经济活动的重要依据。

3. 集中各类社会资金参与投资。随着交易所成交数量日益增大，可以将极为广泛的资金吸引到股票投资上来。

4. 引导投资的合理流向。交易所通过每天公布的行情和上市公司信息，反映证券发行公司的获利能力与发展情况，促使社会资金向最需要和最有利的方向流动。

5. 制定交易规则。有规矩才能成方圆，公平的交易规则才能达成公平的交易结果。交易规则主要包括上市退市规则、报价竞价规则、信息披露规则以及交割结算规则等。

6. 维护交易秩序。交易所的一大核心功能便是监管各种违反公平原则及交易规则的行为，使交易公平有序地进行。

7. 提供交易信息。证券交易依靠的是信息，交易所对上市公司信息的提供负有督促和适当审查的责任，有即时公布交易行情的义务。

8. 降低交易成本，促进股票的流动性。集中交易市场的存在可以增加交易机会、提高交易速度、减少信息不对称、增强交易信用，从而可以有效地降低交易成本。

以费城股票交易所为例，我们发现证券交易所应当创造公开、公平的市场环境，提供便利条件从而保证股票交易的正常运行。

在证券交易所完成这样的交易过程，是直接融资的过程，是投资者通过让渡股份获取收益权的过程，是借助让渡工具提升股权价值的过程。

第三节　保险公司让渡保险资金的过程

保险公司（insurance company）是销售保险合约、提供风险保障的公司。保险公司分为两大类型——人寿保险公司和财产保险公司。

在中国，保险公司是指经中国保险监督管理机构批准设立，并依法登记注册的商业保险公司，包括直接保险公司和再保险公司。保险公司是采用公司组织形式的保险人，经营保险业务。保险关系中的保险人，享有收取保险费、建立保险费基金的权利，同时，当保险事故发生时，有义务赔偿被保险人的经济损失。

我们以法国的一家保险公司为例来了解人寿保险的主要业务。法国国家人寿保险公司（简称 CNP）成立于 1850 年，已有 170 年历史，是法国最大的人寿保险公司之一。1999 年，公司的市场份额超过 20%，进一步巩固了其在法国寿险市场上的领先地位。

法国国家人寿保险公司涉足五个个人保险业务分支，分别是储蓄、抚恤金、个人风险保险、康复和贷款保险。法国国家人寿保险公司已经发展了一整套面向个人和团体的产品和服务，以市场的需要为导向。在不断发生变化的环境里，公司已经能够非常熟练地适应健康、长期护理、失业、个人抚恤金等方面的变化潮流。

法国国家人寿保险公司的主要业务及业务范围

一、个人保险

人寿保险：包括储蓄产品，生命各个阶段的人寿保险。

个人风险保险：保障范围包括机能丧失、残疾、疾病、事故以及长期康复等。

纯资产保险：即财产保险，承保的财产是被保险人及其共同居住的家属和为其服务的人所有的一切财产。

法国国家人寿保险公司和分销网络之间的合作是通过两种方式来维系的，一是与网络签订长期的协议，二是资本参与（主要是邮局以及储蓄银行），特别是通过后者能够使 CNP 和网络的合作关系得以巩固。另外，双方还可以就某类特定产品的分销建立合资企业。

法国的邮政系统承担了占CNP营业额超过40%的业务。由于邮政局拥有17000个网点，6000名金融产品销售人员以及10000名柜台接待人员，它的分销活动是非常有效的。

CNP设计并管理邮政系统销售的保险产品，而且为其培训销售人员并做职业授权。而邮局从保险公司得到寿险销售的佣金。目标是扩大在邮局网络销售产品的种类，将其扩大到风险产品和健康产品。

设有5500个分支机构，拥有1700万储户的储蓄银行也是极具竞争力的分销网络。它全年实现的68亿美元的保费收入证明保险产品已经融入银行提供的全方位金融服务。

税务局共有网点4500个，全年实现保费收入为12亿美元，也不失为另一强有力的销售体系。1998年，CNP为税务局的网点配备了可以根据客户要求进行资产和模拟收益分析的计算机软件。

二、住房信贷人寿保险

法国国家人寿保险公司承保了法国1500万借款人中的850万，是法国经营此类保险产品的最重要的公司。基本原则是保险公司和银行之间签有团体保险单，对银行全部的借款人在由于死亡、残疾、中断工作以及失业无力还款时提供保障。

这种保险的好处在于可以在保费水平很低的情况下同时对银行和借款人提供保障，前者可以在出险时得到偿还贷款，后者可以确信保留住房。另外，CNP 还有消费信贷保险方面的产品。

三、管理退休基金

面对社会强制基本保障作用的减少，CNP 利用自身经验为公务员以及私营部门公司管理超过 350 种退休金。公司精算师和金融专家的技能使金融产品收益及到期承诺金额之间的平衡成为现实。

四、健康保险

由于社会基本医疗保障体系收入和支出之间的不平衡，保险公司在医疗保险方面亏损很大。因此，CNP 在设计健康险产品时，将重点放在医疗费用的减少和医疗质量的提高。其原则在于通过被保险人和保险公司医师的对话，为前者选择最为恰当的治疗，同时也能保证其选择医生的自由和治疗内容的保密。由此可以大幅度降低医疗费用的支出，使此类产品获得更好的收益。

CNP 与法国邮政局成立了旨在利用邮局网络分销健康保险产品的合资企业。

五、长期护理险

随着人类预期寿命的延长，老年人的长期护理将成为未来主要的险种之一。寿命延长使老年人需要接受长期特别护理的原因更加多样化。由于国家难以承担长期护理不断增长的费用，CNP 为此设计了提供补充商业保险的专门产品。

从上述介绍我们能够清楚地了解到保险公司保险资产的让渡过程。

1. 法国国家人寿保险公司承保了法国 1500 万借款人中的 850 万，是法国经营此类保险产品的最重要的公司。

2. 拥有 1700 万储户的储蓄银行，它全年实现的 68 亿美元的保费收入证明保险产品已经融入银行提供的全方位金融服务。

3. 税务局共有网点 4500 个，全年实现保费收入为 12 亿美元，也不失为另一强有力的销售体系。

由此可见，保险公司通过与不同的高端平台合作，实现自身的产品（保险合约、提供风险保障）有效营销，从而带动了保险资金的不断流入，实现了保险公司的利益最大化。这个过程实际上是保险公司通过让渡保险合约等实现保费的收入，保险资产同时形成。

第四节　信托、基金、PE 公司让渡资产的过程

信托与基金、PE 公司是有本质区别的。

信托业务是指信托投资公司以收取报酬为目的，以受托人身份接受信托和处理信托事务的经营行为。信托业务的关系人有委托人、受托人和受益人三个方面。转移财产权的人，即原财产的所有者是委托人；接受委托代为管理和经营财产的人是受托人；享受财产所带来的利益的人是受益人。信托的种类很多，主要包括个人信托、法人信托、任意信托、特约信托、公益信托、私益信托、自益信托、他益信托、资金信托、动产信托、不动产信托、营业信托、非营业信托、民事信托和商事信托等。信托业务方式灵活多样，适应性强，有利于搞活经济，加强地区间的经济技术协作；有利于吸收国内外资金，支持企业的设备更新和技术改造。

通俗地讲，信托是一种“受人之托、代人理财”的财产管理制度形式，即信托公司作为受托人向社会投资者发行信托计划产品，为需要资金的企业募集资金，信托公司将其募集到的

资金投入到需要资金的企业，需要资金的企业再将融入的资金投入到相应的项目中，由其产生的利润（现金流）支付给投资者信托本金及其红利（利息）。根据《信托法》第七条的规定，“设立信托，必须有确定的信托财产，并且该信托财产必须是委托人合法所有的财产。本法所称财产包括合法的财产权利”。与其他融资方式比较，信托融资方式具有以下特点：

一是融资速度快。信托产品筹资周期较短，与银行和证券的评估、审核等流程所花时间成本相比，信托融资时间由委托人和受托人自主商定即可，发行速度快，短的不到三个月。

二是融资可控性强。我国法律要求设立信托之时，信托财产必须与受托人和委托人的自有资产相分离。这使得信托资产与融资企业的整体信用以及破产风险相分离，具有局部信用保证和风险控制机制。银行信贷和证券发行都直接影响企业的资产负债状况，其信用风险只能通过企业内部的财务管理来防范控制。

三是融资规模符合中小企业需求。信托融资的规模往往很有限，这一特点与中小企业的融资需求相吻合。中小企业由于经营范围和规模较小，对融通资金的需求量也很有限。因此资金募集的水平同中小企业的融资需求相适应，信托的成本对于中小企业来讲也处于可以接受的范围。

基金，是证券投资基金的简称，是基金公司发行的产品。与基金管理人（即基金公司）相关的环节包括基金的发行和管理、登记注册、部分销售业务（直销）等。这里要着重说明的是，基金财产独立于基金管理人固有财产。也就是说，一方面，基金公司不得将基金财产归入其固有财产，在基金公司破产清算或追债的时候，基金不在此列；另一方面，投资者购买基金的行为不属于购买基金公司的资产。

基金公司有公募与私募之别。从狭义来说，基金公司仅指经证监会批准的、可以从事证券投资基金管理业务的基金管理公司（公募基金公司）。从广义来说，基金公司分公募基金公司和私募基金公司。公募基金公司的经营业务以及人员活动受证监会监管，其从业人员属于基金业从业人员；私募基金公司不受监管（新基金法可能会将私募基金纳入证监会监管）。从组织形式上说，基金公司分为公司制基金公司和有限合伙制基金公司。实践来看，公募基金公司全部为公司制基金公司，私募基金公司既有采用公司制的，也有采用有限合伙制的。

Private Equity，即私募股权投资，简称 PE，专门从事非上市企业进行的权益性投资，在交易实施过程中附带考虑了将来的退出机制，即通过上市、并购或管理层回购等方式，出售持股获利。

私募股权投资，是投资于非上市股权，或者上市公司非公开交易股权的一种投资方式。

国际私募股权投资基金经过 50 多年的发展，已成为仅次于银行贷款和首次公开募股（IPO）的重要融资手段。国际私募股权投资基金规模庞大，投资领域广阔，资金来源广泛，参与机构多样。西方国家私募股权投资基金占其 GDP 份额已达到 4% ～ 5%。迄今为止，全球已有数千家私募股权投资公司，黑石、KKR、凯雷、贝恩、阿波罗、德州太平洋、高盛、美林等机构是其中的佼佼者。

1999 年，国际金融公司（IFC）入股上海银行，标志着私募股权投资的模式开始进入中国，这对于当时的中国来说是一个非常新的投资概念。PE 首批成立的主要还是外资投资基金，投资风格以风险投资（VC）模式为主，受当时全球 IT 行业蓬勃发展的影响，外资对中国的 IT 业的发展较为认可，投资的项目也主要集中在 IT 行业。但是由于 2001 年开始的互联网危机，人们开始对 IT 行业的过热发展重新审视，国内的 IT 风险投资受到重创，这批最早进入中国的股权投资基金大多没有存活下来。

与之相应的是当时我国股票市场不完善，发起人股份不能流通，投资退出渠道存在障碍，这些都成为制约这个阶段股权投资基金发展的因素。尚福林担任中国证监会主席后，在 2004 年着手开始对我国上市公司进行股权分置改革，这是中国证券市场自成立以来影响最为深远的改革举措之一，为市场的长期健康发展提供了保障。一直到 2006 年 10 月 9 日，“G”股标识正式告别沪深股市，股市才真正进入了“全流通”时代，开始步入正轨。因此，该阶段终结的标志性事件为股权分置改革，股票市场进入全流通时代。

PE 的运作流程可以细分为四个环节：募资、投资、管理、退出。

1. 募资。PE 的资金来源广泛而复杂，华融普银认为国外的 PE 资金来源主要包括养老金、保险基金、捐赠基金、大公司、金融机构的投资、富人个人投资，甚至是政府资金、基金中的基金等。

2. 投资。PE 在筹足资金、正式立项后，即进入投资阶段。华融普银认为他们通常先从投资银行、经纪人、投资顾问、律师和会计师方面获得投资信息，然后进行市场调查，根据对目标创业者的素质、市场前景、产品技术、公司管理等方面的判断，选择认为可靠的目标企业，确定投资类型、投资规模、投资策略、投资阶段，并与被投资企业就股份分配、绩效评价、董事会席位分配等达成投资协议后再进行投资。华融普银认为整个市场最后真正能够得到 PE 资本支持的项目仅在 1% 左右。

3. 管理。不同的 PE 对于企业投资后的管理要求有不同区分，多数 PE 不希望干预企业的日常经营管理，只是在企业决策时积极出谋划策。PE 与企业会签订对赌协议（又称估值调整协议）、反稀释条款（后进投资人不能稀释之前投资人的股权）、优先清偿条款（企业管理人不得先于基金公司退出企业）等。

4. 退出。PE 投资的一个重要的特征是基金都是有存续期限的，华融普银认为存续期满基金就会解散，投资者应得到支付。因此，在投资伊始 PE 就需要考虑套现退出的问题。一般而言，PE 投资的退出有四种方式：境内外资本市场公开上市、股权转让、将目标企业分拆出售、清算。

从 PE 公司的运作程序看，所有环节都在进进出出地进行着交易，在不断的资金流转中完成公司的职责，因此，我们甚至可以说它是让渡定律的产物。

它们的营运模式从本质上讲和商业银行是一样的，不同的是其资金来源不是存款，即他们不得像银行一样公开向社会吸收存款而后用于拟投入的项目中去。他们是通过定向募集资金进行项目融资活动。因此，本质上说我们的信托、基金和 PE 同借贷资本或者说贷款一样，是委托人**让渡**一段时期的货币资本使用权的理财过程。

让渡定律贯穿于金融机构的所有营运模式，成就了商业银行，成就了证券公司，成就了保险公司，成就了信托公司，成就了融资租赁公司和基金公司等金融机构。归根到底它成就了资本的不断壮大。

第五章　实物因让渡而增值

第一节　人类物物交易的发展

人类使用货币的历史产生于最早出现物质交换的时代。在原始社会，人们使用以物易物的方式，交换自己所需要的物资，比如一头羊换一把石斧。但是有时候由于受到用于交换的物资种类的限制，人们不得不寻找一种能够为交换双方都能够接受的物品。这种物品就是最原始的货币。牲畜、盐、稀有的贝壳、珍稀鸟类羽毛、宝石、砂金、珠玉等不容易大量获取的物品都曾经作为货币使用过。

现代物物交换始于20世纪50年代的美国。从20世纪80年代起，现代易货交易公司在美国、加拿大、澳大利亚等国蓬勃发展，成为这些国家减少现金用量、增加销售、减少库存、开发新客户、开辟新市场、促进经济发展的重要方式。进入20

世纪 90 年代，网络技术的成熟发展和应用为现代易货交易提供了更加完善的技术基础和应用条件，电子商务与易货交易的结合成为以高新技术改造传统企业的典范。

如果用一句话来解释现代物物交换，那就是基于因特网这个交易平台，利用易货额度 (而不是现金) 及特殊的易货交易软件，打破时间和空间的限制，实现企业与消费者之间商品或服务的自由物物交换。物主在申请物物交换时，必须明确由哪件物品来交换，多人申请时还可以进行挑选。

当今社会网络发达，交易双方网络平台的存在使避开金融系统直接交换大宗物品成为可能，网络第三方信用体系的建设和完善是易货交易发展的前提。

时至今日，物物交换（易）仍然有它存在的理由和需求。通过这样的交易，物主双方均得以实现并提升了实物资产的价值。

第二节　工业、农林、商业、知识、公共物品让渡物权的过程

工业、农林、商业、知识、公共物品等这样一些行业，应该都属于实体经济范畴，它们的产品主要是实物资产形态。他们需要把自己生产出来的产品（实物资产形态）销售出去，取得销售收入，达到成本覆盖，实现盈利目的。

我们以工业产品的销售为例。

一、中国工业品市场的特征

中国工业品市场正处在转型过程中，具有典型的转轨市场的特点。

另外，工业品本身具有以下基本特征。第一，需求特征。具有派生性、弱弹性、连续性、连带性、服务性和波动性。第二，购买特征。用户户数较少、地理分布集中、购买者主要是企业或组织；多属专业性购买，理性色彩较浓厚；参与决策人较多，集体决定购买；购买过程较长，有时空质量要求；购买

程序复杂；第三，交易特征。购买数量多，交易额度大；交易谈判次数少，每次谈判时间长；直接购买。第四，决策特征。购买决策复杂；购买过程比较规范；重视契约功能，希望建立长期关系。

二、传统市场营销模式的局限性

1. 传统营销模式的基本思想是市场导向，企业通过进行市场调查来确定目标市场和营销策略组合，然后再集中可利用的资源，满足顾客需求。但是它忽略了顾客的不成熟性和企业资源的有限性对市场营销的不利影响。

2. 传统营销模式满足市场个性化需求成本过高。传统营销强调选准目标市场，试图以有限的市场网络建设成本获得尽可能大的销售收入，但在实践中却事与愿违，并在营销中受到极大地挑战。

3. 传统营销模式满足市场需求的时间长、速度慢，而现代市场竞争恰恰是时间与速度的竞争，即与信息网络营销观念紧密联系。

三、工业品市场营销模式创新

1. 关系营销。工业品不仅指产品实体本身，而且还包括与之相伴随的服务以及买卖双方的一系列经济、技术和人员的关系。关系营销是针对工业品营销的在实践的基础上提出来的一种有效的营销模式，以“顾客忠诚”为中心。工业品营销方面的权威专家格默森把工业品营销的任务描述为开展关系管理，建立、发展和维持公司得以兴旺发达的客户网络。从技术角度上讲，各公司的产品之间几乎已没有差异，因此，关系营销将处于中心位置。其原因是，信息技术的运用使关系营销更有效且效率更高。关系营销的导入，有助于协调企业与其供应商的关系，维系企业与其各个顾客之间越来越多地存在的各种关系。

2. 技术营销。由于工业产品的复杂性和专业性，使得买卖双方的相互依赖性很大。工业品市场营销过程中，消费引导的作用要比消费品的技术本身的作用更重要、更突出。人员推销作为工业品最重要的促销方式，销售人员素质对企业的市场营销影响很大。作为卖方，其销售人员必须具有一定的专业知识和熟练使用或操作产品的技术，有时要为买方解决技术问题，帮助客户。

3. 文化营销。文化营销的创新之处在于在营销过程中，努力构造一个主题鲜明的活动，形成与营销相适应的文化，积极主动地采用新的文化策略营销。根据所营销的文化可以分为产品文化营销和品牌文化营销。

4. 服务营销。

5. 信息化营销。

6. 营销知识管理系统。

产品营销就是要比较好地把产品卖出去，而买卖的过程就是交易让渡的过程。工业产品在一次次的交易中得到价值的实现与增值。不言而喻，农业、林业、商业、知识业、公共物品业等其他产业产品的买卖是同样的道理。

第三节　典当行及融资租赁是让渡定律的又一杰作

一、典当行

典当行，亦称当铺，是专门发放质押贷款的非正规边缘性金融机构，是以货币借贷为主和商品销售为辅的市场中介组织。因其在世界各主要国家的历史上均曾存在过，故不同民族的语言都有固定的词汇予以表达。

典当行主要以财物作为质押进行有偿有期借贷融资。典当公司的发展为中小企业提供了快捷、便利的融资手段，促进了生产的发展，繁荣了金融业，同时还在增加财政收入和调节经济等方面发挥了重要的作用。以物换钱是典当业务的本质特征和运作模式。当客户把自己具有一定价值的财产交付典当机构由其作为债权担保实际占有，从而换取一定数额的资金使用。典当公司通常有两条营利渠道：一是当期届满时当户赎当，收取当金利息和其他费用营利；二是当户死当，处分当物用于弥补损失并营利。

典当行作为一种既有金融性质又有商业性质的独特的社会

经济机构，融资服务功能是显而易见的。融资服务功能是典当公司最主要的，也是首要的社会功能，是典当行的货币交易功能，同时典当公司还发挥着当物保管功能和商品交易功能，此外典当行还有其他一些附加功能，诸如提供对当物的鉴定、评估、作价等服务功能。

二、融资租赁

融资租赁是指出租人根据承租人对租赁物件的特定要求和对供货人的选择，出资向供货人购买租赁物件，并租给承租人使用，承租人则分期向出租人支付租金，在租赁期内租赁物件的所有权属于出租人，承租人仅拥有租赁物件的使用权。租期届满，租金支付完毕并且承租人根据融资租赁合同的规定履行完全部义务后，对租赁物的归属没有约定的或者约定不明的，可以协议补充；不能达成补充协议的，按照合同有关条款或者交易习惯确定，仍然不能确定的，租赁物件所有权归出租人所有。

融资租赁是集融资与融物、贸易与技术更新于一体的新型金融产业。由于其融资与融物相结合的特点，出现问题时租赁公司可以回收、处理租赁物，因而在办理融资时对企业资信和担保的要求不高，非常适合中小企业融资。

现代融资租赁产生于二战之后的美国。二战以后，美国工业化生产出现过剩，生产厂商为了推销自己生产的设备，开始为用户提供金融服务，以分期付款、寄售、赊销等方式销售自己的设备。由于所有权和使用权同时转移，资金回收的风险比较大，于是有人开始借用传统租赁的做法，将销售的物件所有权保留在销售方，购买人只享有使用权，直到出租人融通的资金全部以租金的方式收回后，才将所有权以象征性的价格转移给购买人。这种方式被称为“融资租赁”。1952 年美国成立了世界第一家融资租赁公司——美国租赁公司 (现更名为美国国际租赁公司)，开创了现代租赁的先河。

中国的融资租赁市场渗透率只有约 5.5%，而欧美市场的渗透率普遍在 20% 左右，因此中国做大融资租赁还有比较大的空间，而且我国融资租赁市场规模仍然较小，在管理水平上相对成熟市场有待进一步提升，远未能充分满足经济发展的实际需求。作为融资租赁行业的“四大支柱”，即监管、法律、会计、税收四方面的政策环境都尚有提升空间。

随着行业成熟度的提高，融资租赁公司还将朝着差异化、专业化、国际化的方向发展，融资租赁公司要进一步提高融资服务水平以及自身竞争力。不过，在行业火爆的背后，危机也潜伏下来。融资租赁行业的业务模式，除了银行系及大型企业公司有进行正规拓展以外，很大一部分公司实际只做了些简单的融资业务。

很明显，典当行和融资租赁都是既有金融性质又有商业性质的独特的社会经济机构，是集融资与融物、贸易与技术更新于一体的新型金融产业，其与实体经济的无缝对接堪称两朵金融“奇葩”。让渡定律成就了典当行和融资租赁公司。

第六章　让渡工具创新

第一节　让渡工具不断创新

随着时间的推移，让渡工具一定会不断地出现新的类型、新的品种和新的形态。比方说金融创新，正是有了融资工具的不断更新，才有了金融事业的不断发展。融资工具从最初的单一贷款发展为今天的丰富多样，是融资工具的创新把金融业不断地推向了新的高度。

金融工具创新是金融业务的发展趋势之一。20 世纪 70 年代后期国际金融市场形成了金融工具创新的浪潮。金融工具从较单一的存款、现金、债券、股票、商业票据等演变为多目的、多变化、多形式以及系列化的种类构成。仅以美、日两国为主推出的金融工具，就达上百种。

金融创新工具的发展分成三个阶段：

第一阶段，自货币产生至20世纪30年代。这一阶段，产生了一些在历史上影响深远的工具，我们称之为传统的工具。如货币形式的诞生和发展以及存款、贷款业务的产生、银行的出现都是这一阶段的新现象。这一时期，资本市场的兴起和发展成为世界经济发展史上的重大事件，可以说，它对人类历史发展进程起到了巨大的推动作用。资本市场发展的主要金融工具即在这一阶段产生，它们是股票（1553年）、债券（1555年）、可转换证券（16世纪）、优先股（16世纪中期）和认股权证（1911年）。

第二阶段，自20世纪30年代后一直到20世纪60年代。国际金融市场处于较平静的发展时期，起支配作用的还是那些传统的金融工具。20世纪60年代开始出现少量的新的金融创新工具，1963年意大利的一家公司（Auto strade）发行了第一笔欧洲债券。由于美国出台利息平衡税，欧洲债券发展很快。在货币市场上，平行贷款（Parallel loans，如A国企业对B国企业在A国分支机构贷款，作为回报，B国企业对A国企业在B国的分支机构贷款）、背对背贷款（Back to Back Loan，不同国家的母公司间直接开展相互贷款业务）以及在美国政府国民抵押协会（GNMA）建立后筹办的证券抵押业务等相继出现。

第三阶段，自20世纪70年代后至现在，金融创新进入空前大发展时期。20世纪70年代后期，浮动利率债券、货币和利率调换、期货、期权等一系列新兴工具雨后春笋般地涌现出来。

20世纪80年代后，越来越多的金融创新工具在上述创新做法的基础上进一步衍生而成，种类越来越多，如货币期货合约期权、股票指数合约期权、欧洲美元期权、调换期权、美元及市政债券指数期货、平均期权、长期债券期货和期权、复合期权等相继出现。

自1990年后，又一大批金融创新工具产生。如1990—1997年间出现的创新工具有：长期权益参与证券、债券差价认股权证、固息浮息合成票据、股指增长票据、价差调换、杠杆价差票据、优先股购买单位、灾害保险期权和期货、衍生头寸证券化、消费信贷证券化、航空组合证券化—飞机租赁证券化、重新确定利率上下限的浮息票据、双重货币证券、与股权业绩挂钩的证券、灾害优先股卖出期权、通胀指数化的长期国债、平行债券（可以欧元重新记值）等。

尽管金融创新工具发展很快，但众多衍生工具仍与传统工具有相当直接的演化的关系。

融资工具就是金融的让渡工具，它在金融的发展史上始终处在不断地创新之中，并由它的不断创新引领着金融事业不断发展。

第二节　创新之本是让渡工具的更新

人们一直在思索一个问题：创新之本是什么？或者说，创新的源头在哪里？创新始于何处？创新从哪里下手？让渡理论可以更好地回答这些问题，即创新之本是让渡工具的更新，创新始于让渡工具的更新与变化。

我们考察“商品买卖”这个让渡工具的更新变化情况。

商品交易方式，是随着商品经济的产生而产生的，同时也是买卖双方在商品交易实践中，根据不同商品、不同地区、不同对象以及双方的不同需要而逐渐形成的，是随着商品经济的发展而不断地发育和完善的。因此，商品交易方式既属于经济范畴，又属于历史范畴。在商品经济发展的不同阶段，商品交易方式也具有不同的形式。

在最早的原始部落阶段，社会生产力水平十分低下，剩余产品相对较少，而且还没有诞生货币，部落间和家庭间都是物物交换，交换范围被限制在极其狭小的领域之内，即只有双方刚好存在对对方产品使用价值的相互需求时交换才能成交。

在交易活动中，只有买者和卖者两个当事人，中间没有任何媒介，双方直接接触，同时都扮演着既是买者又是卖者的双重角色。

在简单商品经济阶段，由于商业主要是以使用价值为目的的商品交换，交易过程中商品运动往往是按“生产者一商业经营者一消费者”为主的线路进行的，那时生产力仍不发达，交换的社会产品十分有限，因而交易方式主要局限于小额的零星交易与现金支付的现货交易。

在商品经济发达阶段，由于社会生产力的迅速发展，交易的广度和深度日益拓展，大批量的批发交易、融通资金的信用交易、信托买卖的代理交易、拍卖、租赁等一系列现货交易得以发展并不断完善；同时，远期合同交易、期货交易等新型交易方式也在不断发展和完善。商品交易方式日益丰富，更加有利于商品流通的顺利完成。

在当代市场经济条件下，科学技术突飞猛进，社会生产力以前所未有的速度飞速发展，社会分工逐步深化，新兴部门不断涌现，市场商品日益丰富，市场竞争急剧增强，世界经济一体化的程度不断加深。为了适应这种变化，降低费用，扩大销售，增加利润，一些可行性强、风险低、收益高的交易方式便应运而生，商品交易方式明显地呈现出多样化的趋势，在传统交易方式的基础上，有的不断创新，有的交叉运用，一切都根据具体情况而定，显得更加灵活，尤其是诸如“三来一补”等原来仅局限于国际贸易中的交易方式被广泛推广和运用到国内商品流通中，更加丰富了商品交易方式。

商品交易方式发展到今天，其所呈现出的灵活性和多样化，并非是一蹴而就的，而是随着社会生产力的发展，不断创新、不断演进的结果。多种多样的商品交易方式，互相渗透，共同结合，形成一条先后相继、互为补充、同时并存的链，并在功能互补的条件下构成一个完整的交易方式体系。

商业的创新、变化与进步，首先依赖于商品的让渡工具的变更与创新，在新的商品买卖工具（商品的让渡工具）的带动下自然就有更新的更兴旺的商业局面出现。

第三节 新让渡工具带来新局面

网购已经成为年轻一代消费者的主要购物方式，电子银行是必备品。吃、穿、住、行等等所有关于人们日常行为习惯的东西都可以在线购买和支付。吃：各地的特色小吃、干果等都可以拿来网上出售。穿：当下电子商务领域普及最广泛的就是服装这一部分。住：就是我们出行住宿的酒店、宾馆、旅社、客栈等。行：出行坐汽车、火车、飞机、轮船等。针对在吃、穿领域电子商务的强势发展，天下酒店网反其道而行之，推出了住、行这一块的电子商务模式，即在线预订酒店、机票、车票，即时完成交易，提前入住酒店、提前在飞机上占座，这样为旅客出行提供了最大限度的方便，大大节约了旅客的时间。安全、便捷出行也被天下酒店网奉为给旅客提供优质在线服务的行事准则。

吃，上网；穿，上网；住，上网；行，上网！在线预订、在线服务、在线交易、在线支付，体验新电子商务生活时尚。

再看看出行方式。出行方式是指汽车、人或货物从出发点到目的地的移动方式并以此分为车辆出行、个人出行和货流出行。按出行目的分为：①工作出行或家庭—工作出行（HBW）；②家庭—非工作出行（HBNW）；③非家庭出行（NHB）。更细致的，可划分为上下班出行、上下学出行、业务出行、购物出行、社会、文娱和其他出行。出行方式一般有：步行、自行车、助力车、摩托车、私人小汽车、公共交通等。

由出行方式的变化，人们可以发现社会政治经济生活也随之发生了巨大变化。

由中国社会科学院财经战略研究院及社会科学文献出版社、中国社会科学院城市与竞争力研究中心共同举办的《城市竞争力蓝皮书：中国城市竞争力报告No.12》发布会在京举行。该蓝皮书指出，在城市和区域经济研究中，学者们经过长期观察和反复比较，初步有了一个重大发现：长三角地区已经在原有基础上浮现出一个更大范围的世界超级经济区，并将带动中国区域经济格局发生重大变化。

蓝皮书以参与2003年长江三角洲城市经济协调会的16个会员城市为标准，依据引力模型，计算这一时期中心城市上海与外围其他会员城市的吸引力指数，并分别与2013年长江三角洲城市经济协调会扩容后的30个城市，以及2020年长三角两小时经济圈所包括的40个城市进行比较。研究结果显示，随着城市数量的增多和空间范围的扩大，吸引力指数均值平稳上升。这进一步证明，到2020年，长三角将形成以上海为中心，北至连云港、徐州，西至安庆、六安，南至温州、丽水，包括沪、苏、浙、皖的共40个城市的“超级经济区”。以一个或两个（有少数城市群是多核心的例外）特大城市（小型的城市群为大城市）为中心，依托一定的自然环境和交通条件，城市之间的内在联系不断加强，外围城市与中心城市共同构成一个相对完整的城市“集合体”——城市群。

新的让渡工具带来了新局面。创新推动，改革发展，开放进步等似乎全都借由新的让渡工具得以实现。

后　记

这本书前前后后花了13年的时间，真是爱不释手呀！我想用公众号量子学派在微信上发表的一首串联顶级科学作品的诗作为出版的后记主题。当然，我在诗的最后加上了我的一句话。

若要问什么是《生命的意义》
我们要从达尔文的《物种起源》谈起
它的诞生绝对不是因为《上帝掷骰子》
也不是杨振宁所说的《基本粒子及其相互作用》
而是因为《黑洞与时间弯曲》
产生的一种《原子和分子的组成》

薛定谔眼中的《生命是什么?》
可以问问《哥德尔、艾舍尔、巴赫》

因为他们可以通过《逻辑的引擎》

推测出《河外星云距离与视向速度的关系》

而《黑客与画家》早就在《数学天书中的证明》告诉人类

生命本无意义，一切都是《质量守恒》

看破真相的科学家弹奏起《宇宙的琴弦》

任由生命在《时间简史》里默默流淌

这样的日子不过是在《结构、耗散和生命》

不能再这样《失控》下去

读一读《阿西莫夫科学指南》

翻一翻《费恩曼物理学讲义》

找出《三体》的运行规律

完全破解出银河系的《天体运行论》并不容易

《几何原本》和《论螺线》都没有答案

这需要《穿越时空》的能力

并联合冯诺依曼创造的《计算机和人脑》

通过《费马大定理》中的《一种求极大、极小值与切线的新方法》

才能真正开创出盛世投影《宇宙和谐论》

无论人类如何进化，《自私的基因》告诉我们
碳基生命不仅需要理性《自然哲学的数学原理》
更需要感性的《细胞生命的礼赞》
从而创造出《从一到无穷大》的神话
在《广义相对论》的世界里
与《希尔伯特：数学世界的亚历山大》
来一场惊天地泣鬼神的《素数之恋》

……

当您拥有了《让渡概论》中的那些工具时，生命之旅终将步入正道。

……

愿《让渡概论》能跟上上述著作的步伐……

2020 年 8 月 7 日中午时分

于澳门罗里基博士大马路 MOX 办公室